井戸美枝

幻冬舎

今月もお金残らなくて
貯金できなかったなー
いろいろ我慢して
節約してるのになー
はぁ…
もえ、相変わらず
しっかりしてるね
もー
私たちもう
25歳なんだから
将来のことちゃんと
考えたほうがいいよ
えー
だって、
お金の話は難しいし
面倒くさいし、
将来のことなんて
わからないじゃん！
ゆさ
ゆさ
!!
教えてあげたい…
うずいし
好きなことを
我慢しなくても
お金は貯め
られるのに……
うず
そこのあなたたち！
お金で悩んでいる
なんて人生
もったいないわ！
今、お金の基本
さえ知っておけば、
ずっとお金に困らず
自由に生きられるのよ！
え!?
私に任せて！
なんでも聞いて！
ばーーん

はじめに

こんにちは！　井戸美枝と申します。

私は、ファイナンシャル・プランナーというお金に関する資格を持ったフリーランスです。主な活動としては、本を出したり講演をしたり、マスコミから取材を受け、お金に関する相談を受けたりしています。

この本を手にとってくださっているということは、「お金」に関心があり、より詳しく知りたいと考えていることでしょう！　お金に関することはなかなか周りにも相談しづらいですし、話題にも出しにくいものですよね…。

ですが、20代など、若い時期からお金に関心を持つことは、これからの長い人生を不自由なく過ごし、やりたいことを実現していくために、非常に大切なこと。まずは関心を持つことからすべてが始まりますから、スタートラインに立ったあなたはすでにすばらしいと思います！

「お金」について、少しお話をさせてください。

お金は私たちの生活に欠かせないものです。お金があれば、欲しいものが買えたり、旅行に行けたり…。生活に彩りが生まれます。そして、お金は頼りになり、あなたを決して裏切ることはありません。

ただし、今後、あなたがお金と上手に付き合っていくためにはポイントが２つあります。

１つめのポイントはお金に関する知識を生涯にわたって身につけていくこと。例えば将来、家族を持ったときなど、ライフステージの変化に応じて、必要になるお金の知識も変わってきますし、お金の制度や情報は日々変わるものです。お金の動きに敏感になるとともに、その時々で必要なお金の知識を自ら勉強し、アップデートしていく必要があります。勉強すればするほどその成果が得られますので、専門家の力を利用するのもおすすめです。

２つめのポイントは、お金に困らない生活をするために身につけるべき生活習慣を守ること。そのためには２つのルールを守ってください。

収入から毎月一定額を「先取り貯蓄」する

「借金」は絶対にしないこと

このルールを守る限り、お金に苦しめられることはほとんどなくなります。ルール１を守るには､貯蓄額を決め､お金が入ったときに貯蓄額分を先取りし、残りのお金で生活すればOK。その結果、計画的に貯蓄ができるようになります。ルール2の「借金」は、未来の自分に負担をかけることにほかなりません。奨学金や住宅ローンといった、資産の形成や未来に繋がる自己投資への借金以外はNGと心得ましょう。

お金と上手に付き合っていくための2つのポイントを着実に実行すれば、お金は必ず増えていきます。

とはいえ、「お金」を生み出すためには、まず仕事をすることから始まります。ぜひ皆さんには「好きな仕事」をしながら、稼ぎ続ける力をつけていってほしいと願っています。そして、好きな仕事をしていると納得できれば、それを一生続けてほしいとも思います。

若いうちに、生涯続けることができるような仕事を選べることはすばらしいことです。

さて、本書は、お金について知ろうとしている皆さんに向けて「今は、これだけは知っておいて、実行すれば大丈夫！」という内容をギュッと詰め込みました。お金について初心者の皆さんでも簡単に、また、身近な内容に感じられるように、みさきさんともえさんという、皆さんと同年代の女の子2人がお金についてわからないことを私にどんどん質問し、解決していくような構成にしています。

お金についてのちょっとした知識と行動の差で、人生が豊かになったり、その反対になったり…。大きな差が生まれることになります。20代の今、お金の基本を押さえて、お金が貯まる仕組みづくりをする。そして、それぞれの価値基準に合ったお金の使い方をしていけば、この先ずっとお金にとらわれず、やりたいことができる人生を手に入れられます。

お金の知識が人生を変えるといっても過言ではありません。ぜひみさきさんともえさんと一緒にお金の知識を深めていってくださいね！ 「お金って難しそう」と思っている人でも、「これならできそう！」と思えるようになるはずです。

本書を制作するにあたり、数多くの方のご協力いただき、特に、回遊舎酒井富士子さん、大村美穂さん、幻冬舎編集担当の小木田順子さん、茂木梓さんにはお世話になり、誠にありがとうございました。

あなたの生活がより安心でハッピーなものになるために、本書がお役に立てることを心から願っています。

2024年3月

井戸美枝

本書の登場人物

みさき

会社員、25歳。お金に無頓着。
好きな仕事・やりがいのある仕事なら、給料にはこだわらない。
結婚もしたいし、子どもも欲しい。お金がなくとも結婚はできると思っている。

もえ

フリーランスのWebデザイナー、25歳。
みさきの高校時代の親友。
お金に関心があり、投資やNISAにも挑戦している。最近、保険にも興味を持ち始めた。
自由に働きたいと思い、Webデザイナーに必要なスキルを身につけた。プライベートと仕事のバランスを重視。結婚もしたいし、子どもも欲しいが、お金の目処が立ってからと思っている。

井戸先生 社会保険労務士・ファイナンシャルプランナー

20代のふたりの悩みや疑問に先輩＆専門家として優しく答える。
本人も20代から常に「挑戦する女」として、前向きにキャリアを重ねてきた。
弱みはかわいい一人息子。

本書の読み方

●会話形式でカンタン&身近に

本書では、20代のみさき&もえが、お金についてわからないことをどんどん井戸先生にぶつけていきます。あなたが気になっていたモヤモヤも、きっと解決の糸口を見つけられるはず！　みさき&もえと一緒にお金の勉強をしていきましょう。

●図解とまとめで、ざっくり復習

会話形式でなんとなくわかったけれど、「ちょっと自信がないかも」という人でも、制度や特徴をわかりやすく図解しているので、それを眺めるだけで頭がスッキリ整理されます。各項目の最後にある「まとめ」を読めば､しっかり復習もできちゃいます。

●20代女子が知りたいことが全部わかる

社会人になって自分でお金を稼ぐようになり、あらためてお金を稼ぐこと、それを上手に使って、しっかり貯蓄をすることの難しさを実感している方も多いでしょう。本書では､お金の基本となる「①使い方や管理する」力､「②貯める･増やす」力､「③稼ぐ」力の、3つの力をつけるためのノウハウをご紹介します。さらに、「④税金や社会保険料をしっかり納めて、もらえるものを、漏れなくもらう」方法や、万一に「⑤備える」方法も伝授。そのノウハウを持ったうえで、「⑥将来の自分」像を描くと、これから先の30代、40代、50代の人生を、自信を持って歩んでいくことができます。明るい未来のために、今から一緒に本書を読み進めましょう。

お金の準備方法は実は単純

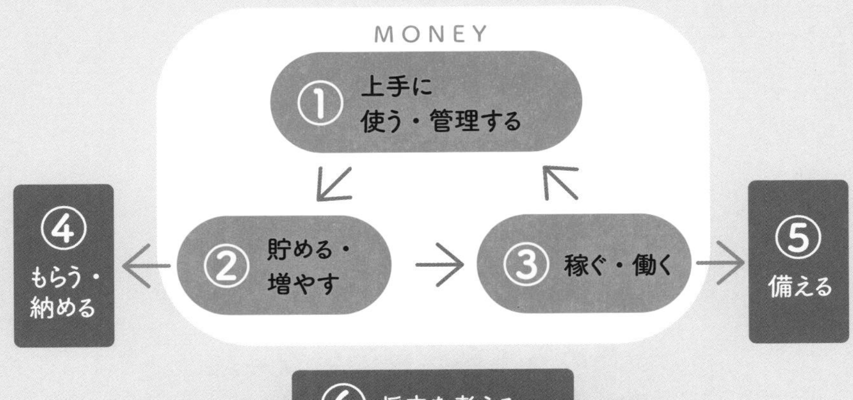

好きなことを我慢しないで100万円貯める方法

CONTENTS

Chapter 2 貯める・増やす

Chapter 3
稼ぐ・働く

Chapter 4 もらう・納める

Chapter 5 備える

Chapter 6 将来を考える

Chapter 7 投資にチャレンジ! 〈知識編〉

装丁：Isshiki
本文デザイン・DTP：Isshiki
イラスト：クリモト
編集協力：株式会社回遊舎（酒井富士子、大村美穂）
峯岸弓子、永井志樹子

Chapter 1

使う・管理する

▶まずは目標決めから！

Topic 01

実現したい夢を書き出すだけで、貯まりやすくなる

効率的にお金を貯めるには、具体的な貯蓄の目的を書き出し、目標額を設定。夢を描いて楽しい気持ちで貯蓄に取り組みましょう

みさき

お金を貯めなきゃと思っても実行するのはなかなか難しいですよね。うまくいくコツとかあるんでしょうか。

井戸先生

ズバリ「夢を描く」ことですね！　お金に関する漠然とした不安は誰もが持っていると思いますが、その不安を解消するのはなかなか難しいことです。ですが、それよりも自分が「やりたいこと」をはっきりさせて、そのための目標額を設定して貯めるほうが、楽しくて長続きしやすいです！

もえ

私はスキューバダイビングのライセンスを取りたいです！

井戸先生

素敵な目標ですね！　実現するためには、「いつまでに」「いくら」必要なのか、そのためには毎月いくらずつ貯めていく必要があるのかというところまで確認しておきましょう。

もえ

来年の夏までには取りたいと思っているので、毎月２万円ずつ貯めていけばお金は準備できそう。目標があると貯蓄もやる気が湧いてきますし、そのための節約も頑張れそうです！

みさき

目的がはっきりしないと効率も悪そうだよね…。

自然とお金が貯まる3つのステップ

STEP 1 具体的な目標を作る
漠然としたゴールや目標では、果たしていくら貯めればいいのかすらわからないので、まずは貯蓄の目的を明確にしよう

STEP 2 生活費の見直しをする
目標を達成するための貯蓄額がわかると、達成のための計画も立てやすくなるはず。楽しみながらの家計管理を意識しよう

STEP 3 コツコツ投資でお金を増やす
投資は一攫千金を狙うのではなく、無理のない範囲でコツコツ増やすのが正解。家計管理でできたお金を活かしていこう

井戸先生

むやみに節約を頑張ろうとするのではなく、楽しいことを思い浮かべて前向きな気持ちで貯蓄に取り組むことが重要なんです。

みさき

私は美味しいものを毎日食べて、結婚して大きな家に住んで、家族と一緒にずっと幸せに暮らしたいなぁ～。

井戸先生

それも素敵な夢ですね。具体的に費用を考えてみましょう。P20の表は、主なライフイベントでかかる費用をまとめたものです。あくまで平均額ですが、節目を迎えるときにはまとまった額のお金が必要になります。

みさき

えっ…。結婚費用だけで350万円以上もかかるんですか？　知らなかった！

もえ

マイホーム購入費用や子どもの教育費用、老後費用も準備していかなくてはいけませんね…。

ライフイベントにかかる主な費用は?

結婚費用 ▶ 約356万円

結納・婚姻～新婚旅行までにかかった費用（首都圏推計値・平均）

※「ゼクシィ結婚トレンド調査2023」リクルート

出産費用 ▶ 約47万円

妊婦負担額（分娩料、入院料、検査・薬剤料、処置・手当料など）

※「第161回 社会保障審議会医療保険部会資料」厚生労働省

マイホーム購入費用 ▶ 約3495万円

建売住宅の全国平均購入額（マンションは約4545万円）

※「2020年度 フラット35利用者調査」住宅金融支援機構

教育費用 ▶ 約953.3万円

子ども1人あたりの総額（幼稚園から高校まで公立、大学は私立・文系）

※「令和3年度 子供の学習費調査」「令和3年度 私立大学入学者に係る初年度学生納付金平均額の調査」文部科学省

介護費用 ▶ 約580万円

1カ月あたり平均8.3万円が、介護期間平均5年1カ月（61カ月）かかった場合（住宅改修などの一時費用平均74万円を含む）

※「2021年度 生命保険に関する全国実態調査」生命保険文化センター

老後の生活費用 ▶ 約22.4万円

65歳以上の夫婦のみの無職世帯の1カ月あたりの支出（単身は約13.2万円）

※「家計調査年報（家計収支編）2021年」総務省

井戸先生

おふたりが今後、比較的短い期間で貯めておく必要があるのは結婚費用でしょう。ご祝儀や親からの援助もあるかもしれませんし、パートナーとの負担割合もあるので、350万円も必要はないかもしれません。ですが、結婚が決まってから貯蓄を始めるのでは遅いので、今のうちから概算で貯蓄目標を立てておくとよいでしょう。

もえ

わかりました！

井戸先生

ぜひ、右ページの「貯蓄プラン書き出しシート」に具体的な貯蓄の目的を書き出してみてください。すべてを実現する余裕がなければ、優先順位をつけ、必ず実現したいことを優先して貯蓄目標を立てましょう。

具体的な貯蓄プランを立てよう!

貯蓄プラン書き出しシート			
やりたいこと や目標	具体的な イメージ	いつまで に?	必要な 金額
例) 語学留学	学生時代に行けなかった語学留学に行きたい。できれば1年間で、場所の候補はカナダ、オーストラリア	2年以内	300万円

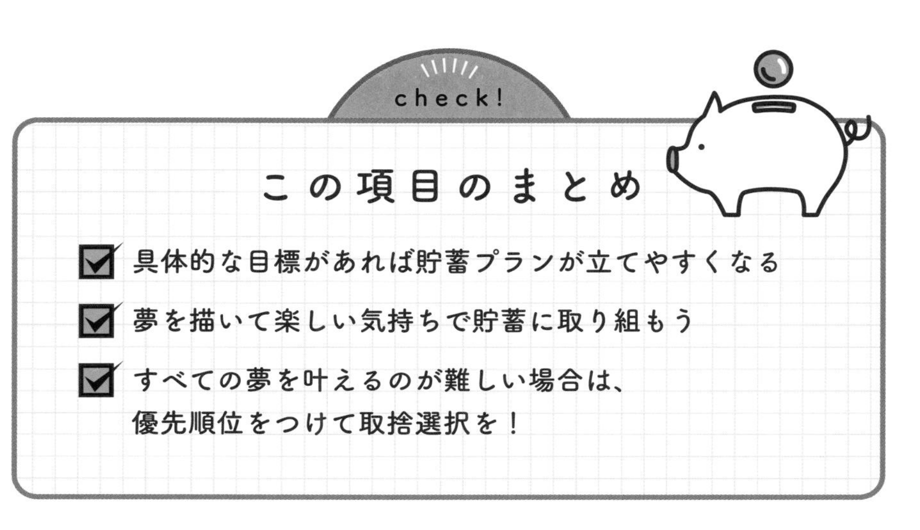

この項目のまとめ

- 具体的な目標があれば貯蓄プランが立てやすくなる
- 夢を描いて楽しい気持ちで貯蓄に取り組もう
- すべての夢を叶えるのが難しい場合は、優先順位をつけて取捨選択を!

▶「貯め体質」になるための必須常識

Topic 02

「給与明細書」の見方をマスターしよう

給与明細書には「勤怠」「支給」「控除」の3つの項目があり、毎月の給与がどのように計算されたのかを知ることができます

井戸先生

おふたりはご自身が一体いくらくらい稼いでいるのか把握していますか？

もえ

もちろんです。その年によって違いはありますが、自分で確定申告をしているので知っています。

みさき

お給料日には必ず通帳をチェックしているので、大体はわかっています。銀行に振り込まれたお給料を１年分合計すればいいんですよね？

井戸先生

銀行に振り込まれるのは手取額だから、それを合計しても年収にはなりませんよ。

みさき

えっ、そうなんですか？　もらったお給料の合計じゃないとすると…。年収って一体なんですか？

井戸先生

会社員の場合、年収とは１年間に会社から受け取った総支給額のことで、年末にもらう源泉徴収票に書いてあります。毎月の給与明細書に記載された給与の総支給額を１年分合計して、そこに賞与を加えた額ということです。

年収って税金や保険料を控除する前の合計額だったんですね。知らなかった！

給与明細書には、毎月の給与額の根拠となる情報が記載されています。銀行に振り込まれたお給料がどうしてその額になったのか、給与明細書の見方を知っておきましょう。会社により書式は違いますが、一般的に給与明細には「勤怠」「支給」「控除」の３項目があります。まず、「勤怠」には、従業員の勤務状況が記されています。

給与明細を構成する勤怠・支給・控除

「勤怠」に関する項目	出勤・欠勤日数や、残業時間、有給消化日数など、従業員の勤務状況が記載されている。こちらの情報をもとに給与計算されるので、実際に働いた日や休んだ日、残業時間などの勤務状況が正しく反映されているか確認を
「支給」に関する項目	支払われる給与の内訳が記載されている。基本給のほか、家族手当や時間外手当、交通費など各種手当も記載。雇用契約や勤怠を正しく反映しているか確認する
「控除」に関する項目	勤務先が従業員に支給した金額から差し引かれる（控除）項目が記載されている。年金や健康保険などの社会保険料、所得税や住民税といった税金を中心に給与から天引きされるお金の内訳がわかる

給与明細はどうやって見る？

残業時間・遅刻・早退・有給消化日数・欠勤日数などが記載され、給与に反映される

部署コード	社員番号		氏名		給与明細
22	12345		佐藤華子		2024年2月分

勤怠	就業日数	出勤日数	欠勤日数	特別休暇日数	有給休暇日数	有給休暇残日数			
	21	21	0	0	0	10			
	労働時間	残業時間	深夜時間	休日労働時間	遅刻早退時間				
	168:00	0:00	0:00	0:00	0:00				
	①	②	③	④	⑤			⑥	
支給	基本給	役職手当	家族手当	住宅手当	時間外手当	深夜勤務手当	休日手当	交通費	
	340,000			10,000				11,160	
							課税支給額計	非課税支給額計	総支給額
							350,000	11,160	361,160
	⑦	⑧	⑨	⑩	⑪	⑫			
控除	厚生年金	健康保険	雇用保険	介護保険	所得税	住民税			
	32,940	18,000	2,167		8,250	11,800			
							社会保険計	税額計	控除額合計
							53,107	20,050	73,157
									差引支給額
									288,003

給与から天引きされる内訳

基本給のほか、手当や交通費など給与の内訳

❶基本給
会社から支給される従業員への労働の対価。一般的に会社独自の基本給表（勤続年数等を考慮したもの）を用い、年に1回算定される。賞与や退職金の計算などに用いられる、基本となる給与

❷役職手当
役職を得ることにより支給される手当

❸家族手当　❹住宅手当
会社の規定により支給される手当

❺時間外手当、深夜勤務手当など
「勤怠」の状況をもとに計算

❻交通費
会社が負担する交通費。1カ月あたりで15万円までは所得税、住民税の課税対象にならない

❼厚生年金 ❽健康保険 ❿介護保険
年に1回、給与をもとに保険料が算定される

❾雇用保険
月々の給与の額に応じて負担

⓫所得税
毎月天引きされる所得税は概算のもので、年末調整で正式な課税額が計算され、年末の給与で調整される

⓬住民税
前年の所得に対する住民税が天引きされる

※上記は一例。実際には会社によって形式や項目名称は異なる
（40歳未満、協会けんぽ［全国健康保険協会］〈東京都〉の場合）

井戸先生

「支給」の項目には、基本給のほか住宅手当や時間外手当、交通費など各種手当も記載されています。この「支給」の項目に記載された額を合計したものが総支給額です。住宅手当や交通費は結婚や引っ越しで額が変わるので、自分の状況と合っているか確認しておきましょう。

もえ

引っ越しするときは気を付けなくちゃ！

井戸先生

最後に、「控除」の項目についてです。控除とは、一定金額を差し引くことを意味する言葉で、給与明細書の「控除」の項目には、社会保険料や税金など、総支給額から天引きされる内容が記されています。

みさき

「控除」って天引きされる額のことなんですね。毎月、お給料からいろんなものが天引きされちゃってがっかりしています。

井戸先生

天引きはがっかりなことでもないんですよ。「控除」の内容にあたる社会保険料や税金についてはあとで詳しく紹介しますね。

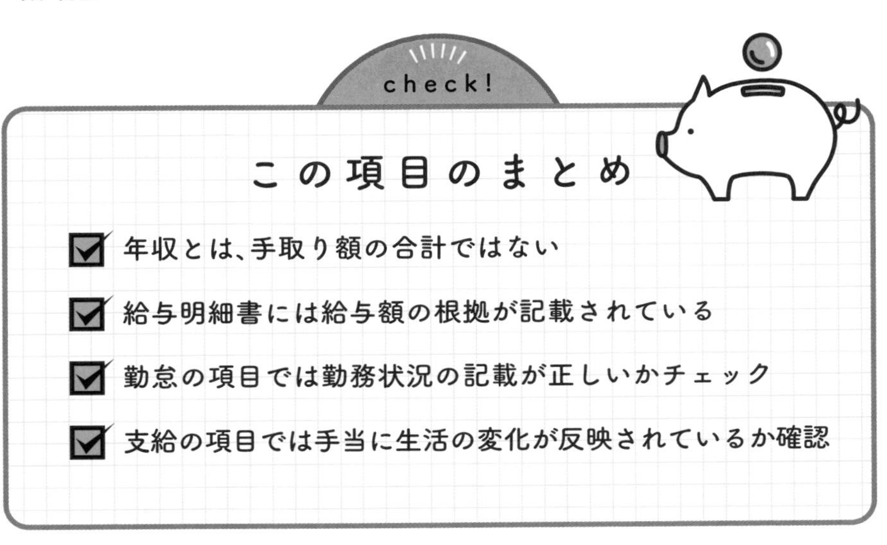

この項目のまとめ

- ☑ 年収とは、手取り額の合計ではない
- ☑ 給与明細書には給与額の根拠が記載されている
- ☑ 勤怠の項目では勤務状況の記載が正しいかチェック
- ☑ 支給の項目では手当に生活の変化が反映されているか確認

▶毎月どれだけ使っているか知ってる？

Topic 03 「出ていくお金」を「見える化」しよう

具体的な家計管理を始めるにあたり、まずは現状の家計を調べて、毎月の支出を整理するところから始めましょう

井戸先生

さて。「なんのためにお金を貯めるのか」、目標を決め、さらに給与明細の見方も確認できましたね。ここからは早速貯蓄に向けて具体的な家計管理に進みましょう。

みさき　もえ

はい！　頑張ります！

井戸先生

右ページにある家計管理のステップに沿って、１つずつ進めていきますが、始める前に大切な考え方をお伝えします。家計管理の第一歩は節約する額を決めることではなく、毎月いくらなら手元に残せそうかの見通しを立てることです。そうすることで、「余ったお金だけ貯蓄」という不規則なサイクルから脱却でき、貯蓄に回すお金以外でやりくりができるようになります。

もえ

私も今は余ったお金を貯蓄に回しています。でもこの方法では、なかなか目標額に届かなそうですよね…。

井戸先生

確実にお金を貯めていきたいなら、とにかく「先取り」で貯蓄をすることが大切です。お給料が振り込まれたらすぐに一定額を貯蓄し、残った金額でやりくりしましょう。先取り貯蓄の方法を実践すれば、確実にお金を貯めることができますよ。

家計管理やることステップ

1　1カ月で出ていくお金（支出）を知る

まずは現状の家計を調べて、ざっくりと費目ごとに毎月の支出を整理する。毎月いくら貯蓄に回せそうか、見通しを立てよう。家計簿アプリを利用するのもおすすめ

2　理想の支出割合から使いすぎているお金を知る

自分の家計について何にいくら使っているかをざっくり把握したら、その金額が適切かどうかをチェック。「理想の支出割合」（P33参照）を参考に費目ごとに「予算」を設けて生活するようにしよう

3　1カ月の予算を決める

1カ月の予算を決めて、予算内で生活する習慣を身につけよう。支出を減らして貯蓄に回せる金額を増やすには、変動費より固定費の見直しから行うと効果が高く、負担も少ない

4　支出を年間で把握して赤字が出ないようにする

支出には、毎月必ずかかるもの以外に、帰省の費用、車検代、税金の支払いなど、まとまった金額が必要な費用が1年のうちにいくつか発生する。これらの不定期な出費（特別費）を知り、年間の支出も把握。年間で見て赤字が出ないようにしよう

お金を貯める大前提「先取り貯蓄」

○　給料 － 貯蓄 ＝ 余ったお金で生活

×　給料 － 生活費 ＝ 余ったら貯蓄

井戸先生

毎月いくら貯められるかは、当然収入と支出のバランス次第で左右されますね。そこで、支出を大まかな費目ごとに分類して、自分がどんなことにお金を多く使っているか、「出ていくお金」を見える化してみましょう。

みさき

出ていくお金が多すぎて恥ずかしいです…。

井戸先生

レシートが手元に残っていれば参考にしてほしいのですが、必ずしも１円単位で洗い出す必要はありません。

みさき

細かい金額でなくてもいいなら、やりやすいですね！

井戸先生

自分は具体的に何にどれくらいの金額を使っているのか、書き出せるようにしたのが右ページのシートですので、ぜひ活用してくださいね。費目分けに神経質になりすぎず、金額もざっくりで大丈夫です。

みさき

私は仕事帰りについついお店に立ち寄って、洋服を衝動買いしてしまうので、被服費がすごいことになりそう…。

井戸先生

ざっくりとでも支出を整理すると、普段どんな生活を送っているかが見えてきますよね。みさきさんは被服費と言っていましたが、例えば食費が高すぎる場合、自炊をせずに毎日のように総菜をデパ地下で買って帰っていたり、消費できない量の食材をセール品だからといって頻繁に購入していたりと、買い物のクセが浮かび上がってくるはずです。

もえ

生活習慣と支出は深い関係がありそうですね…。

井戸先生

支出を一度書き出して見える化することは、普段のお金の使い方を見直すきっかけにもなります。

まずは先月の家計を見える化しよう

家計見える化シート

収入	手取り収入	円
支出	下記合計	円

住居費	円
水道光熱費	円
保険料（生命保険や医療保険）	円
通信費	円
おこづかい・自由に使えるお金	円
食費	円
日用品代	円
被服費	円
娯楽費	円
交際費	円
医療費	円
教育費・習い事代	円
交通費	円
その他（上記に含まれないもの）	円

これが貯蓄に回せるお金になる

収入 － 支出 ＝ 円

もえ

先生、ちなみに私は家計簿をつけているので、支出は把握できています。

井戸先生

もえさんは家計簿をつけているんですね。お金の流れを把握するにあたって、家計簿をつけることはとてもおすすめです。

もえ

毎日、夜に記入しています。

井戸先生

手書きで家計簿をつけているんですね。

もえ

小学生のときからおこづかい帳をつけているせいか、手書きのほうが使いやすいんです。でも疲れていると記入するのが面倒なこともあって…。そんなときはまとめて週末に記入しちゃいます。

井戸先生

家計簿は続けやすい方法が人によって違いますから、もえさんのように自分のスタイルが確立されていればOKです。とにかく手間をかけたくないという人は、スマホの家計簿アプリもおすすめですよ。

もえ

家計簿アプリにはどんなメリットがありますか？

井戸先生

家計簿アプリのメリットは「手間がかからないこと」、「情報共有がしやすいこと」です。家計簿アプリは銀行口座や証券口座、クレジットカード、スマホ決済、ポイントまで、異なる金融機関の情報を集約できて、管理の手間を省くことができます。家庭を持っている人なら、1つのアカウントを家族で共有すれば、それぞれが自分のタイミングで入力したり閲覧したりできるので、家族みんなで貯蓄目標の達成もしやすくなります。

みさき

お昼休みの時間とか、すきま時間にできそうだから、私はアプリで家計簿をつけ始めてみようかな～！

おすすめアプリ＆家計簿が続くポイント

Zaim

レシート撮影はもちろん電卓機能付きで入力が簡単。支出の状況はカテゴリー別に表示されて、何にいくら使っているのか、一目でわかりやすい。登録すれば銀行口座やクレジットカードなどからの入出金も自動的に反映。ほとんどのサービスを無料で利用することができる

マネーフォワードME

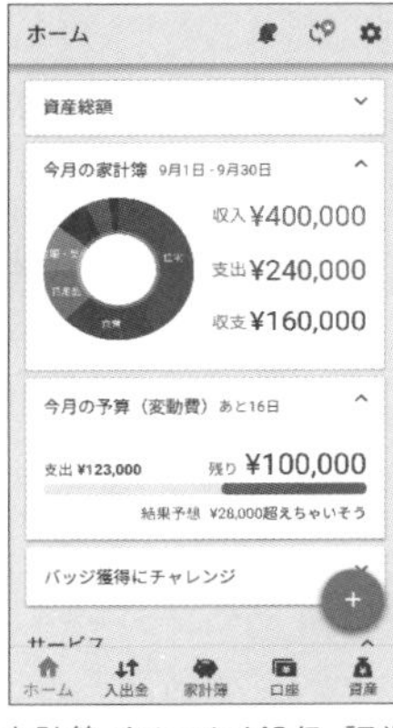

家計簿だけでなく銀行、証券会社などの金融機関口座も一括管理できる。一度登録すれば、銀行口座やクレジットカードの取引内容も自動分類で、家計簿に反映。レシートは撮影すれば項目別に分類してくれる。グラフで全体の資産状況を把握することができる

❶「すきま時間」につける

- ✕ 夜、家で机に向かって
- ◯ 通勤中の電車の中
- ◯ お昼休み時間
- ◯ 何かの待ち時間

❷ 端数合わせはしない

- ✕ 1円合わないと、何度も計算し直す
- ◯ 10円などのざっくり単位で入力する

この項目のまとめ

- ☑ 確実にお金を貯めるには「先取り貯蓄」が必須
- ☑ 家計管理の第一歩は毎月の支出を整理して、貯蓄に回せるお金を知るところから
- ☑ 家計簿は自分の続けやすい方法を見つけよう

Topic 04

▶私は何にお金を使いすぎている？

理想の支出割合は固定費4割、変動費4割、貯蓄2割

各費目の「理想の支出割合」を参考に、貯蓄に回すお金を確保しましょう。支出は固定費と変動費に分けて考えます

井戸先生

自分の家計について、ざっくりでも何にいくら使っているかを把握できましたね。次はその金額が適切かどうかを判断しましょう。

みさき　もえ

はい。お願いします！

井戸先生

先ほど、P29で支出を書き出しましたね。各費目について、家計のうちどれくらいの割合が適切なのか「理想の支出割合」を示したのが、右ページの表になります。

もえ

なるほど。理想の割合が目安になるのでわかりやすいですね。

井戸先生

住居費は25%、水道光熱費は５%、食費は15%といったように、それぞれ細かく設定されていますが、これはあくまで目安の割合です。この割合からはみ出ることが許されないというわけではありません。まずはそれぞれの費目ごとに「予算」を設ける考え方が大切なんです。

みさき

よかった～！「はみ出ちゃダメ」というのはかなりのプレッシャーです（汗）。

理想の支出割合は?

	わが家の家計(手取り18万円)	割合	理想の割合	
住居費(駐車場代含む)	7万円	38.9%	25%(4万5000円)	固定費 40%
水道光熱費	1万5000円	8.3%	5%(9000円)	
保険料	3000円	1.7%	1%(1800円)	
通信費	3000円	1.7%	3%(5400円)	
おこづかい・自由に使えるお金	4000円	2.2%	6%(1万800円)	
食費	3万円	16.7%	15%(2万7000円)	変動費 40%
日用品代	3000円	1.7%	2%(3600円)	
被服費	1万円	5.6%	3%(5400円)	
娯楽費	1万円	5.6%	3%(5400円)	
交際費	2000円	1.1%	5%(9000円)	
その他(上記に含まれないもの)	1万円	5.6%	12%(2万1600円)	
貯蓄	2万円	11.1%	20%(3万6000円)	貯蓄 20%
▲赤字	0円			

※この費目例は、1人暮らし女子用に改変

なるべくこの割合に近づける

井戸先生

はみ出ている費目があっても、ほかで調整できていれば大丈夫。上表の例の場合、半分ほど理想の割合をオーバーしているので、改善が必要です。まずは、理想の支出割合を参考に予算を立てて、それに収まるようにやりくりをしていきます。

もえ

赤字部分は早急に改善しないといけませんね!

井戸先生

そうですね。まずは赤字にならないことが大切なので、貯蓄20%が大変であれば最初は10%から始めてもOKです。一人ひとり目標も違うので、自分に合った理想の割合を見つけましょう。

井戸先生

ちなみに、理想の支出割合は年齢や世帯構成によっても異なってきます。結婚して２人暮らしになったり、子どもができて家族４人暮らしになったりと、今後家族構成は変化していくと思いますが、どんな家庭でも「固定費40％、変動費40％、貯蓄20％」を目安にして、その範囲内で生活するのがおすすめです。

みさき

す…すみません！　今さらなのですが、固定費と変動費ってなんでしょうか。

井戸先生

では、まずは固定費と変動費から解説しましょうか。出ていくお金、つまり支出は固定費と変動費に分類できます。固定費は、毎月の支払額が一定の支出を指します。毎月の出費が決まっているものは固定費に含めましょう。例えば、家賃や生命保険・医療保険などの保険料、通信費などが該当します。

みさき

なるほど！　では、変動費は月によって支払額が変わる支出ということですね。食費、日用品代などでしょうか。

支出には固定費と変動費がある

固定費
・住居費
・水道光熱費
・自動車ローン、駐車場代
・保険料
・通信費
・教育費*、学習費
・おこづかい　など

＊子どもの学費の場合

変動費
・食費
・日用品代
・医療費
・美容・被服費
・娯楽・交際費　など

井戸先生

正解です！

もえ

あとは被服代、レジャーで使うお金なども変動費ですよね。

井戸先生

もし、理想の支出割合をオーバーしている費目があれば、その費目が属する固定費・変動費どちらかの別の費目で調整できれば、問題ありません。

もえ

例えば、P33の表にある例であれば、固定費の理想の支出割合は7万2000円（手取り収入18万円の40％）だから…。家賃、水道光熱費、生命保険料、通信費、おこづかいの合計をできる限り7万2000円に近づけるように調整すればよいということでしょうか。

井戸先生

その通りです。「固定費全体」と「変動費全体」で分けて考えれば、無理なく予算を立てることができるんじゃないでしょうか。それでは、次は肝心な固定費・変動費それぞれの節約方法を紹介していきましょう！

みさき　もえ

よろしくお願いします！

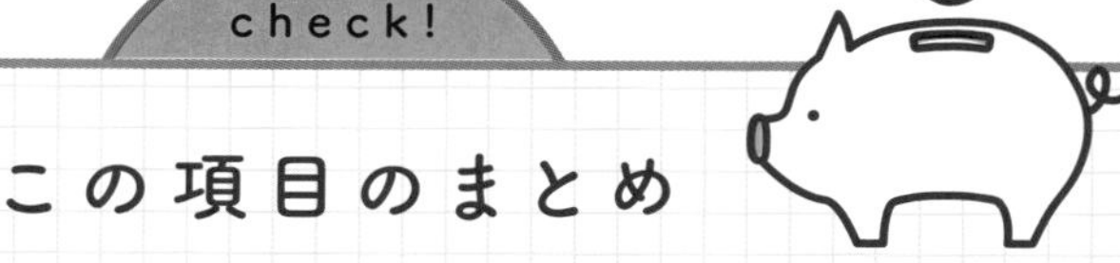

この項目のまとめ

- 各費目の理想の支出割合を知り、決まった割合に支出を抑える
- 支出は固定費と変動費に分けて考える
- 理想の支出割合は家族構成により異なるが、「固定費40％、変動費40％、貯蓄20％」を目安に

Topic 05

▶ケチケチ我慢は疲れない？

「固定費」の見直しがいちばん効果的

支出を減らすには固定費の見直しからするのがおすすめ。一度見直し、削減すれば節約効果がずっと続きます

井戸先生

では早速、貯蓄の割合を高めるために支出の改善方法をお教えしていきますね。ちなみに「頑張って節約しているのになかなか支出が減らない」という悩みを聞くことがありますが、おふたりはどうですか？

もえ

まさにその通りです～（泣）。

井戸先生

もえさんは普段どんな節約をしているんでしょうか。

もえ

スーパーで買い物をするときは何軒か回り、少しでも安いお店を探してから購入しています。あとは、家の中の電気をこまめに消したり、コンセントを抜いたりして電気代を節約しています。

井戸先生

節約に励んでいてすばらしいですが、どちらも苦労が多そうですね。

もえ

はい。ちょっとストレスに感じることもあります。

井戸先生

食費や娯楽費などの変動費を節約しても、効果が出にくいうえ、あまりにも切り詰めた生活を送ると、かえってストレスとなり節約が続かないことも…。家計を見直すなら変動費よりも固定費を

固定費の見直しの2大メリット

メリット❶
1つの項目を見直すだけで、毎月数千～数万円の節約に繋がることが多い

メリット❷
一度見直せば節約効果がずっと続く

固定費見直しの3ステップ

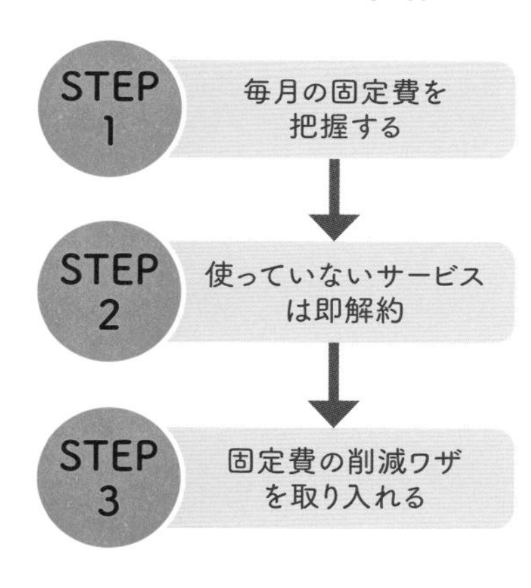

家賃などの住居費、水道光熱費、保険料、通信費などの固定費の1カ月分の支出をすべて書き出して棚卸し。何にいくら払っているかを把握する

固定費支出のうち、使っていないスマホアプリの料金やカードの年会費などがないかをチェック。解約すれば即支出カットになる

必要な費目でも、契約を見直したり、使い方の工夫をしたりすることで支出を減らすことができる。削減ワザがあればすぐに実行しよう

優先するのがおすすめです。

もえ

最初に見直すべきは固定費なんですね！

井戸先生

固定費は毎月決まった金額なので、一度見直せば、節約効果がずっと続きます。

みさき

今すぐ固定費を見直さなきゃ！

井戸先生

家賃や通信費、水道光熱費といった金額の大きなものだけでなく、契約にもとづいて毎月引き落とされる細々とした費用もありますよね！

もえ

アプリの月額利用料、インターネットの動画見放題サービス利用料とかも毎月お金がかかっていますね。

みさき

そういえば、ほとんど使っていないのに年会費を支払っているクレジットカードもあるし、スポーツジムも最近通ってないな…。

井戸先生

そういったものがあれば、即解約しましょう。

みさき

スポーツジムの会費が約月１万円なので、１年間で12万円か。あらためて計算するともったいないことをしていましたね…。

井戸先生

スマホの料金プランを定期的に見直すことで費用を安く抑えられるかもしれません。また、契約当時は必要だった保険も、ライフステージの変化で不要になることがあります。

変動費の見直し例

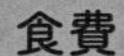

食費	被服費	レジャー・交際費
食料品の買い出しで毎日スーパーやコンビニに立ち寄っているなら、それを週１回にまとめるだけでも節約効果大。外食も含め、週ごとに予算管理するとやりくりしやすい	食費などに比べると比較的優先順位が低くなる費目。定価ではなくなるべくセール品を狙うほか、フリマアプリでブランド服や、結婚式の出席用ドレスをユーズドで安く購入も	レジャー費や交際費はメリハリをつけて楽しむのが◎。飲み会なら、ホームパーティーにすることで飲食コストを減らすことができる。不要な付き合いを見直すほかクーポンも活用を

もえ

スマホも今は随分と安く使えるようになりましたよね。

井戸先生

もしスマホの通信費に月5000円以上支払っているなら、プランやキャリアの変更を検討してもいいかもしれません。大手キャリアにこだわらないなら、格安SIMに乗り換えることで費用がかなり抑えられます。不要なオプションを付けていないかも要チェックです！　あとは、公共料金も国民年金保険料やNHKの受信料などは、割引のある年払いを利用するのがおすすめです。

みさき

いろいろできることがありますね。節約というと「食費を切り詰める」など日々の努力というイメージがありました。

井戸先生

固定費の見直し方法を紹介しましたが、もちろん変動費を節約することも大切です。ですが、コツコツと変動費を切り詰めても月１万円を削るのは難しいもの。その点固定費なら、１つ見直すだけで数千円、数万円の節約になることもあるので、おふたりもぜひ試してみてくださいね。

check!

この項目のまとめ

- ☑ 固定費を見直せば支出を大きく減らせる可能性がある
- ☑ 会費のかかるサービスは使っていなければ即解約を
- ☑ 割引のあるプランや年払いがおすすめ
- ☑ 変動費も見直せる部分は節約し、貯蓄額アップに繋げる

▶家計管理の落とし穴！

Topic 06

イレギュラーに出ていく「特別費」も確保しておく

月々の支出を抑えて家計管理をしても、
マイナスになってしまう月があります。
「特別費」も把握し、年間単位で管理を！

井戸先生

家計管理を月単位だけで行っていると、すぐにつまずいてしまいます。１カ月の支出だけでなく「１年間の支出」も把握する必要があります。

もえ

たしかに毎月はかからないけれど、１年のうちに何度かまとまった金額を支払っているタイミングってありますよね。

みさき

私の場合、旅行代とかかな…。あとは姪っ子に誕生日プレゼントやお年玉をあげたりするのもなかなかの出費なんですよね…。

井戸先生

冠婚葬祭のときの費用もありますよね。そのような支出を「特別費」といいます。

みさき

旅行や冠婚葬祭って、大きな金額が必要だからダメージが大きいですよね…。

井戸先生

だから１カ月の予算とは別に１年間の予算を立てておく必要があるんです。

もえ

特別費は固定費・変動費のどちらにも属しませんよね。

井戸先生

イレギュラーに出ていく特別費を把握していないと、少しずつ貯めたお金をそのたびに崩してしまうことになりかねません。特別費を事前に確保しておくことで、家計管理をスムーズに行うことができ、貯蓄額もアップさせることができるんですよ。特別費のためのお金を計画的に確保しておきましょう。

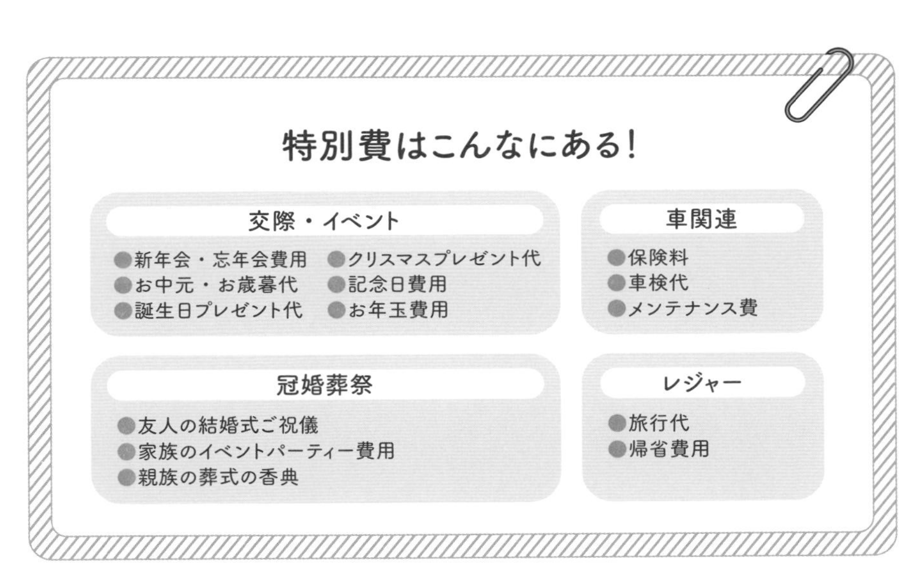

check!

この項目のまとめ

- 家計管理では、1カ月の支出だけでなく1年間の支出も把握する必要がある
- 金額が大きくなりがちな「特別費」を把握し、事前に確保しておく
- 特別費を貯蓄から崩さないことが重要

▶クレジットカードを使いすぎちゃいます！

Topic 07

ポイ活で賢く活用、リボ払いはNG

クレジットカードでの支払いは「借金」と認識し、使いすぎには要注意！上手にポイ活に利用するのがおすすめ

みさき

最近はキャッシュレス決済も広まっていますよね。

井戸先生

そうですね。現金を使わずにお金を支払うキャッシュレス決済は、近年世界中で急速に普及しています。代表的なものでは、クレジットカード、QRコード決済、電子マネーなどが挙げられ、日本でもコンビニを中心にキャッシュレス決済に対応したお店が増え、一般にも浸透しています。

もえ

私も、キャッシュレス決済はよく利用しています。現金と違ってかさばらないし、会計時も手軽ですよね。あと、キャッシュレス決済はポイントが貯まるので、最近はポイ活としても有効な印象があります。

井戸先生

ポイ活をするなら、いまやキャッシュレス決済は欠かせませんね。キャッシュレス決済の多くはポイント還元を実施しているため、現金で支払うよりも実質的に安く買い物をすることができます。ポイントに無関心という人も少なくないですが、お得なキャンペーンなどを活用しながら上手にポイントを貯めることができれば、家計を助ける要素になります。キャッシュレス決済でのポイ活はうまく活用したいですね。

キャッシュレス決済の種類

クレジットカード（デビット・プリペイド含む）

特　徴

- Visa、Mastercard、JCBなどのブランドマークがつくカードを使用
- クレジット方式が普及しているが、近年はデビット方式、プリペイド方式も増加
- 国内だけでなく海外でも利用できる

QRコード決済

特　徴

- スマートフォンのアプリ画面を読み取ってもらう方式と、店舗側が提示するQRコードを読み取る方式がある
- プリペイド方式のほか、クレジットカードや銀行口座と紐づけて支払う方法、ポイントで支払う方法などがある
- 店舗利用のほか、個人間送金やインターネットでの支払いにも利用できるものが多い

電子マネー

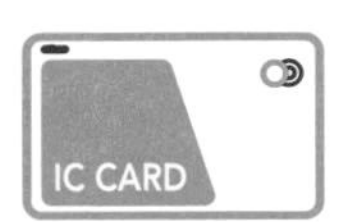

特　徴

- 非接触型ICチップを搭載したカードまたはスマートフォンを使用
- Suica、PASMOなどの交通系電子マネーやWAON、nanaco、楽天Edyといった流通系電子マネーがある
- コンビニ、スーパーなどで広く利用できる

みさき

キャッシュレス決済っていろいろなメリットがあるんですね。でも、私はクレジットカードの使いすぎで苦い思い出があるので、いまだにちょっと怖いんです…。

井戸先生

たしかに、クレジットカードは後払い方式なので、ついつい使い

すぎてしまうこともありますよね。

もえ

使いすぎを防ぐためにも、クレジットカードで支払った分は後から支払うべき「借金」だという意識が大切ですよね。

井戸先生

その通りですね。QRコード決済や電子マネーでも、それらをクレジットカードと紐づけている場合は同じことですから、特に浪費癖がある人は要注意です！

もえ

リボ払いで痛い目に遭った経験がある友人もいます。

井戸先生

リボ払いは利用金額を増やしても月々の返済額が変わらないため、手元のお金がない人にとっては、一見魅力的かもしれません。ですが、これは金利約15％の高い分割払いと同じこと。毎月の返済額は同じでも、支払総額は雪だるま式に増えてしまうリスクのあるサービスなんです。

もえ

先生、クレジットカードの上手な使い方も知りたいです。

井戸先生

家賃や水道光熱費などの固定費の支払いにはクレジットカードの利用が有効です。固定費は毎月ほぼ同じ金額で決済されるため、管理しやすく無駄遣いの心配もありません。

もえ

毎月ポイントが付くのもうれしいです！

井戸先生

また、最近ではクレジットカードで投資信託（投信）を購入して積み立てられるサービスもあります。ポイントを貯めながら投資信託を積み立てて投資に挑戦できるのでおすすめです。

もえ

クレジットカードは賢く使って上手に付き合おうということですね！

利用明細の確認のほか、引き落とし日前に口座の残高を確認するなど、クレジットカードを利用するにあたり注意すべき点を守って、上手に活用してくださいね。

クレジットカードを利用する際の注意点

利用明細を確認する

月々のカード利用明細は必ず確認し、身に覚えのない請求があった場合はすぐにカード会社に連絡を。また、万一の場合の証拠として、決済時のレシートは捨てずに保管しておこう

引き落とし日の残高不足に注意

クレジットカードを利用するうえで絶対にあってはならないのが、残高不足で支払日に引き落としができない事態。カード代金の支払いを滞納すると、遅延損害金が発生するばかりでなく、信用情報機関に記載が残るため、新規カードが作りにくくなったり、住宅ローンの審査が通りにくくなったりする場合もあるので注意しよう

check!

この項目のまとめ

- キャッシュレス決済には主に3つの種類がある
- クレジットカード払いは「借金」であることを意識する
- リボ払いはリスクが大きいため、NG
- クレジットカードは固定費の支払いや投信積立に◎

Chapter 2

貯める・増やす

▶どうしたら「貯め体質」になれますか？

Topic 08

1日でも早く「天引き貯金」を始めよう

「貯め体質」になる一番の近道は
毎月の自動積立定期の仕組みづくり。
続けるカギは目標を作ることです

みさき

お金を貯めよう貯めようと思うのですが、お給料日前にはいつのまにか残高ギリギリで…。どうしたらいいですか？

井戸先生

一番は毎月1万円でもいいので、自動積立定期を始めること。お給料日に口座から自動引き落としされるように設定します。一度申し込めば、あとは自動的にお金が貯まっていきますよ。

みさき

でも、毎月1万円くらいを積み立てたところで、なかなか大きな金額にはなりませんよね？

井戸先生

そんなことはありません。積立を長く続けるほど、元金に利息が加わって、雪だるま式にお金が増えていく「複利効果*」が働きます。一度始めればほったらかしているだけでも、資産は雪だるま式に大きくなる〝チリツモパワー〞を発揮します。

もえ

積立の〝チリツモパワー〞ってすごいんですね！　私も早速積立にチャレンジしてみたいのですが、具体的にはどのように始めるとよいのでしょうか？

井戸先生

まずは、自動積立定期を活用して100万円を貯めてみることをおすすめします。例えば、毎月2万円の積立をベースに、年に

＊投資や預金などで獲得した収益を当初の元本にプラスして運用することで得られる利益

［毎月2万円］＋［ボーナス月15万円（年2回）］を貯蓄すると、2年で100万円貯まる！

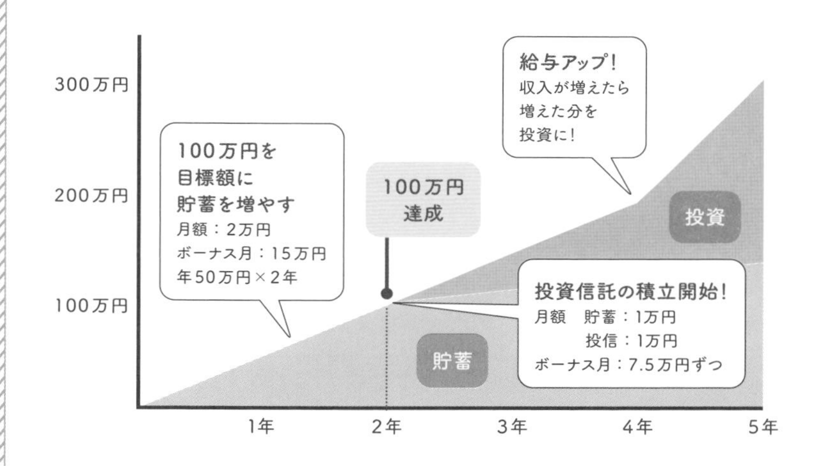

２回のボーナス月には積立額を15万円に増額することで、２年間で100万円に到達します。100万円貯まるとうれしいものですよ。

もえ

それなら最初から、自動積立定期よりも金利の高い投資信託などで積み立てていったほうが効率的ではないですか？

井戸先生

鋭い指摘ですね。投資信託は投資商品なので儲かることもあれば、元本割れすることもある「値動きのある商品」です。必要なときに元本割れしていて、解約しづらいことがあるのも事実です。まずは、自動積立定期で最低限の資金を確保してから、投資信託の利用を始めても遅くはありません。

もえ

たしかにそうですね。

井戸先生

積立は「とりあえず始めてみる」ということが何より大切。まずは自動積立定期で100万円を貯めるところからスタートしてみてください。

みさき

私はお金を早く貯めたいから、月５万円で自動積立定期を始めようかな。

井戸先生

無理な積立額を設定すると、長続きしないので要注意！　積立の成功のカギはモチベーションを保つこと。最初は少なめの積立額から始めることをおすすめします。

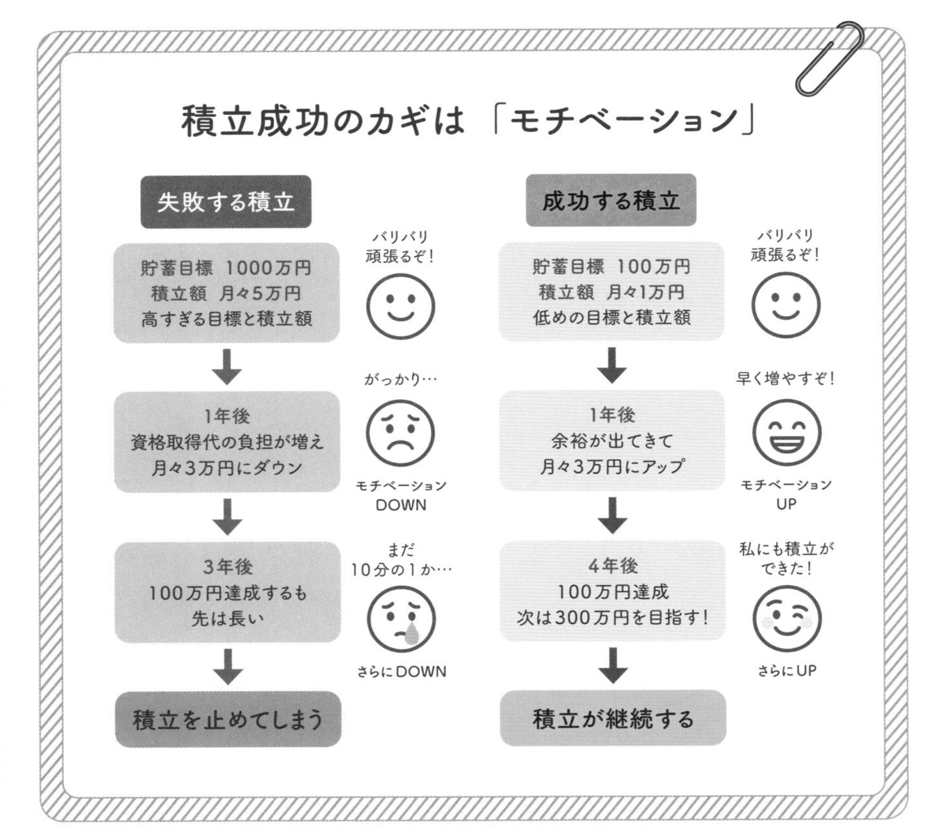

もえ

ほかにも、積立を始めるうえで注意することはありますか？

井戸先生

モチベーションを保つうえでは、積立方法が面倒なものは避けたほうがよいでしょう。自動積立定期であれば、いったん始めたら、難しいことを考えなくても、ほったらかしたままでOKなので、安心ですよ。

みさき

積み立てた貯蓄についつい手をつけてしまわないか不安です。

井戸先生

たしかに、途中で手をつけてしまう人は少なくありません。それを防ぐためには、積み立てたお金はなかったものと考える習慣を身につけることも大切です。

積立４カ条

❶とりあえず、始めよう
最初は自動積立定期などの元本保証型で積立を始め、慣れたら投信積立をはじめとする投資型の積立を

❷無理な積立をしない
最初はちょっと少ないかなと思うくらいの金額で積立を始めて、貯める習慣が身についたら積立額を上げる

❸手間ひまかけない
積立方法が面倒だと、最初はやる気があるので気にならなくても、後々やめてしまう原因に

❹積み立てたお金はなかったものと考えよう
せっかく積み立てた貯蓄を、つい使ってしまうという人は多いもの。いったん積み立てたお金はなかったものと考える習慣を

この項目のまとめ

- ☑ お金を貯めたいなら、１日でも早く積立を始める
- ☑ まずは自動積立定期で積立をスタート
- ☑ 積立を途中で止めないためにも、最初の積立額は低く設定

▶お金初心者でも「投資」はできますか？

Topic 09

「長期・積立・分散」の 3原則を押さえれば大丈夫

投信積立を始める際は お得な非課税制度「新NISA」を活用。 長期・積立・分散を簡単に実現できます

井戸先生

元本保証の自動積立定期で100万円を貯めることができたら、いよいよ投資信託（投信）積立を始めましょう。

みさき

でも、投信積立って投資ですよね…。私みたいな知識のない初心者が始めて本当に大丈夫なんですか？

井戸先生

投信積立は、少額から始められるうえに、運用自体は運用会社にお任せできるので、誰でも手軽に始めることができます。また、投資する商品と毎月の積立金額さえ決めれば、あとはほったらかしでもOK！　購入のタイミングや毎日の価格変動などを気にする必要もないため、投資初心者にはうってつけです。

もえ

投信積立をするなら、2024年からスタートした新NISAやiDeCoの活用が欠かせませんよね？

井戸先生

その通り！　新NISAとiDeCoは、運用益が非課税になるなど、とても節税メリットが多いのです。そのため、少しでもお得にお金を貯めたい人は、すぐに始めてみましょう。

みさき

この２つの制度はよく名前を耳にするけれど、そんなにすごい制度とは知りませんでした。

投信積立に利用したい２大税制優遇制度

新NISA（2024年〜）			iDeCo
これから お金を貯めたい人 （投資初心者でも◎）		こんな人に おすすめ	ライフイベントの目処が立ち、 これから老後資金づくりを 本格化させたい人
18歳以上		対象に なる人は？	20歳以上65歳未満
無期限		最長いつまで 投資できる？	65歳になるまで （運用できるのは75歳まで）
つみたて投資枠 120万円	成長投資枠 240万円	年間の投資 可能金額は？	条件に応じて 14.4万〜81.6万円 （職業、加入している年金により異なる）
生涯非課税投資枠：1800万円*			
積立・分散投資 に適した一定の 投資信託	上場株式、 投資信託等	購入できる 主な 金融商品は？	投資信託、定期預金等
いつでも可		引き出しは できる？	原則60歳まではできない

＊うち成長投資枠は1200万円

井戸先生

新NISAは、非課税で投資ができるうえに、資金の引き出しがいつでも可能なため、幅広く活用することができます。一方、iDeCoは老後資金を貯めることを目的に作られた制度で、資金の引き出しが原則60歳までできません。そのため、初めて投信積立をするなら、まずは新NISAから利用するとよいでしょう。

みさき

私も投信積立を始める際には、必ず新NISAを活用するようにします！　でも、投信積立にはリスクがつきものですよね？　それを考えると不安になるのですが…。

井戸先生

もちろん、投資ですから損するリスクはゼロではありません。ですが、投信積立では、投資の基本原則である「長期・積立・分散」の効果が期待できるため、長期的に積立を続けていけば、大きく損をすることを避けられる可能性が高いです。

もえ

投資の勉強をすると、「長期・積立・分散」が大切という話はよく聞くのですが、あらためて先生から教えてほしいです。

井戸先生

「長期」投資にはリスクを軽減する効果もあり、過去のデータから、投資信託の保有期間が長ければ長いほど安定したリターンが見込めるということがわかっています。また、１つの資産に集中し

投資の基本原則「長期・積立・分散」

長期

10年以上の
長期投資を続ける

複利効果の恩恵を受けることができる

積立

月1万円など少額でも
コツコツ積み立てる

価格が下がったときも有利になる（ドル・コスト平均法）

分散

1つに集中せずさまざまな国や資産に投資する

複数の国や資産を組み合わせることで価格変動のリスクを抑えられる

て投資をすると、資産運用がうまくいかなくなったときにダメージが大きくなりますが、幅広い種類や地域の商品に投資対象を「分散」することで、投資リスクを抑えることができるのです。

もえ

なるほど！

井戸先生

さらに、「積立」投資では、毎月一定金額ずつを購入していくことによって、価格が高いときには少ない口数を購入し、安いときには多い口数を購入していくことになります。そうすることで平均の購入単価を均一にすることができます（ドル・コスト平均法）。その結果、長期的に見ると価格変動のリスクを軽減する効果が期待できるのです。

みさき

つまり、新NISAで投信積立をすれば、節税メリットを受けながら、「長期・積立・分散」によるリスク軽減効果も得ることができるわけですね！

井戸先生

その通りです！

check!

この項目のまとめ

- 投信積立は、投資初心者が始めやすい投資手法
- 若いうちはiDeCoよりも新NISAの利用を優先しよう
- 「長期・積立・分散」で投資リスクを軽減できる

Topic 10

▶ 100万円貯まったら、どうする？

新NISAの口座を開いて、投資信託の積立を

新NISAの非課税期間は無期限です。まずは「つみたて投資枠」を利用して投資信託の積立から始めましょう

もえ

先生、この機会に新NISAの制度内容について詳しく教えてください。

井戸先生

わかりました！　新NISAでは、制度が恒久化され、非課税となる保有期間が無期限となったため、生涯にわたって非課税での投資が可能となります。そのため、老後資産形成に向けた30年を超える長期投資にも活用することができるようになります。

みさき

一生涯使うことができる制度というわけですね！

井戸先生

また、新NISAでは、「つみたて投資枠」と「成長投資枠」という２つの枠が設けられており、両方を利用できます。年間の非課税投資枠というのが決められており、つみたて投資枠が120万円、成長投資枠が240万円、合計で360万円です。ちょっと多い印象ですが、枠全部を使う必要はありません。一生涯で使える上限もあって、1800万円（うち成長投資枠は1200万円)です。

もえ

つみたて投資枠と成長投資枠では、投資できる商品も異なるんですよね？

井戸先生

その通りです。つみたて投資枠で購入できる商品は、一定の要件

新NISAはどんな制度？

初心者におすすめなのはこっち！

	つみたて投資枠	成長投資枠
年間投資枠	120万円	240万円
非課税となる保有期間	無期限	無期限
非課税となる最大投資枠（総枠）	1800万円（投入資金の総額1800万円までしか投資できない。売却をすると翌年からその分の枠が復活） ※薄価残高方式で管理	うち1200万円
投資対象商品	長期の積立・分散投資に適した一定の投資信託・ETF	上場株式・投資信託・ETF・REIT等 ※次の①〜⑤を除外 ①整理・監理銘柄 ②信託期間20年未満の投資信託 ③高レバレッジ型の投資信託 ④毎月分配型の投資信託 ⑤その他条件に合致しないもの
買付方法	積立	一括・積立
対象年齢	18歳以上	

を満たした投資信託とETF（上場投資信託）のみです。一方、成長投資枠では、投資信託とETFに加えて、上場株式やREIT（不動産投資信託）など幅広い商品を購入することができます。

みさき

選べる商品の多い成長投資枠を利用したほうがよいでしょうか。

井戸先生

いえいえ、投資初心者の場合は、つみたて投資枠からスタートしたほうがよいですよ。つみたて投資枠の対象商品は、金融庁の設定した要件をクリアした長期の積立投資に適したものに限定されています。そのため、投資に関する知識の少ない人でも選べるようになっているんです。

新NISAを使うと運用益が非課税に！

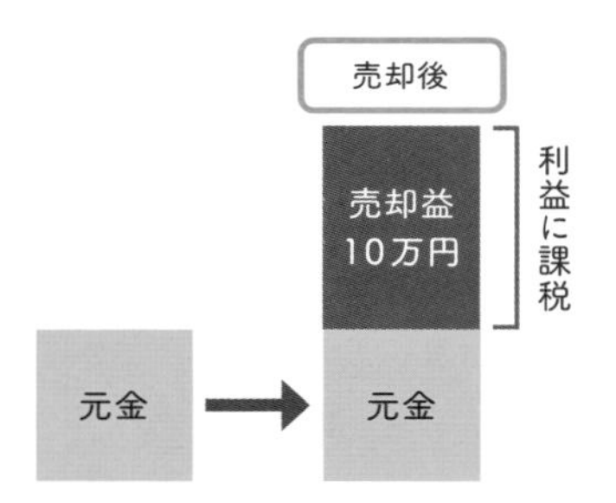

［例］売却益が
10万円あった場合の課税は？

● 通常の取引：2万315円*の税金
▶手元に7万9685円しか残らない
*10万円×20.315%
（株式等の売却益・配当などにかかる税率）

● NISA口座の取引：税金は0円

10年で60万円損をする!?

［例］投資リターン（投資収益率）を年10%と想定した場合（単位：万円）

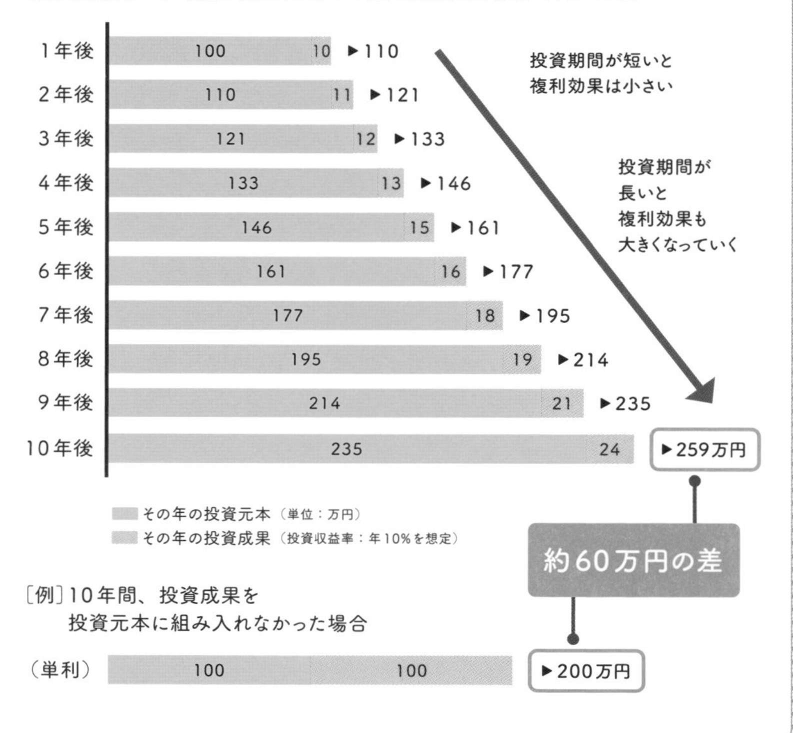

NISAで投資すると運用益が非課税なんですよね。これについて詳しく教えてください。

NISAの運用で得られた運用益、つまり売却益や配当・分配金には、通常約20%の税金がかかりますが、NISAの運用で得られた運用益はすべて非課税になります。税金が引かれずに運用益をまるまる手に入れることができるため、お得に資産を形成することができますよ。

NISAってあらためてすごい制度ですね！　私も、自動積立定期で100万円を貯める目処が立ったら、さっそくNISA口座を開いて投信積立を始めようと思います。

みさきさん、その意気です！　新NISAなら積み立てたお金を途中で引き出して、結婚資金やマイホーム購入資金にも使えます。使っても、また積立を続けることで、次のお金が必要なライフイベントにも備えていけるのです。左ページの下図を見てもわかる通り、長期間投資を続けるほど、複利効果が大きくなり、安定した収益が確保できます。無理をせずに長期で、投信積立にチャレンジしてください。

check!

この項目のまとめ

- 新NISAでは、生涯で1800万円まで非課税投資が可能
- 投資初心者でも投信を選びやすい「つみたて投資枠」
- 長期運用をして複利効果のパワーを活かそう

Topic 11

▶どこの金融機関で口座を開けばいい？

積極派はネット証券で慎重派は銀行で

新NISAでは1人1口座と決まっているため、金融機関は1つしか選べません。金融機関は慎重に選びましょう

みさき

新NISAを始めるにあたって、NISA口座を開設する金融機関はどうやって選べばよいのでしょうか？

井戸先生

新NISAの口座は１人１つと決まっています。つまり、利用する金融機関を１つに絞らなければいけません。一度積立を始めると、長期で利用することになるので、金融機関選びは慎重にしたいですね。

もえ

失敗しない金融機関選びのコツなどがあれば、ぜひ教えてください！

井戸先生

新NISAでは、どの金融機関を選んでも、手数料は一律無料であるため、その点での比較は不要ですよ。ただし、商品ラインナップ、最低積立額、積立方法、サポート内容などは、金融機関によって大きく異なるため、口座を開設する前にはきちんと調べたほうがよいでしょう。

みさき

銀行でも口座開設はできるのですか？

井戸先生

銀行はもちろん、証券会社、ゆうちょ銀行などでも口座を開くことができますよ。ですから、まずは、取り扱っている商品のラインナップを確認しましょう。口座を開設した後に、「気になっていた商品が取り扱われていなかった」となっても遅いですからね。

もえ

たしかに、NISAをスタートした矢先に、投資したかった商品の取り扱いがなかったら、やる気がなくなりますね。

井戸先生

金融機関の選択肢としては、主に「ネット証券」と「銀行」の２つがありますが、商品のラインナップの点から見ると、ネット証券に軍配が上がります。銀行の取扱商品数が数本～数十本程度なのに対して、ほとんどのネット証券の取扱商品数は100本を超えており、大きな差があります。

みさき

それなら、ネット証券を選んだほうがよいということになりませんか？

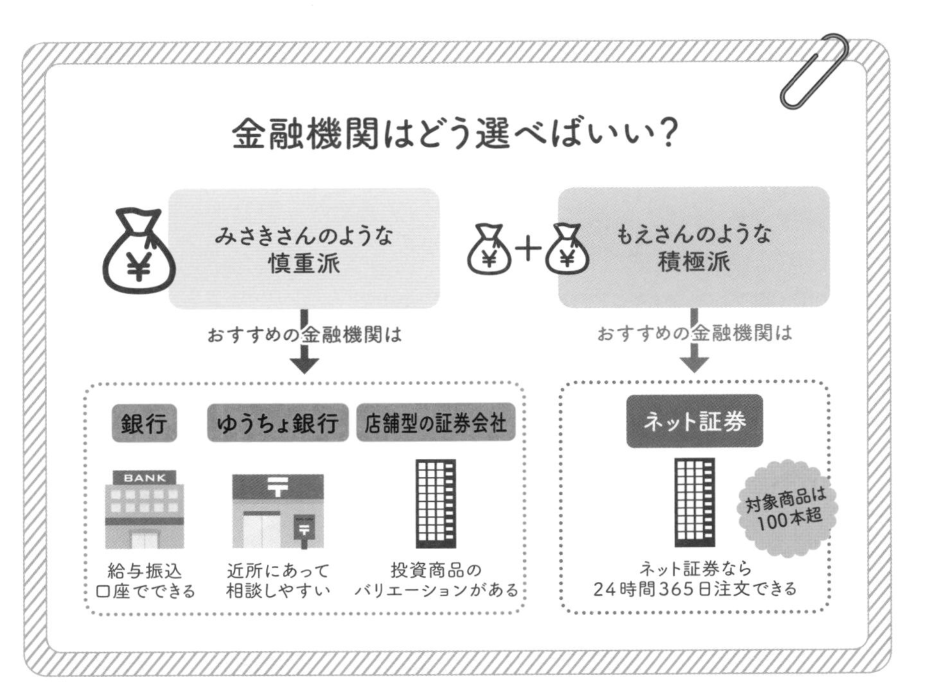

井戸先生

そうですね。自分で投資信託の種類を調べて、商品選びも１人でできてしまうもえさんのような人は、口座開設もスマホ１つで簡単にできるネット証券を選ぶとよいかもしれません。ただ、「投資信託の仕組みがわからない」「どの商品を選んだらよいか、選び方がわからない」など、相談したいみさきさんのような人は相談窓口がある銀行が、安心かもしれませんね。

みさき

たしかに私の場合、「利用したい商品がその金融機関になかった」とがっかりするよりも前に、そもそも、どの商品を選んだらよいのかがわからないかも。まずは、誰かにゆっくり教えてもらって、納得してから商品を選びたいです。

井戸先生

金融機関選びでもう１つ忘れてはいけないことがあります。新NISAには、つみたて投資枠のほかに、成長投資枠があるとお伝えしましたね。成長投資枠では、株式投資もできるのですが、株式投資は証券会社でしかできません。もし、株式投資をする可能性があるなら、銀行ではなく証券会社を選ぶ必要があります。

金融機関による違い

	銀行	ネット証券
投資信託の手数料がゼロ	○	○
口座管理料がゼロ	○	○
投資信託のラインナップが豊富	△	◎
気軽に相談しやすい	◎	△
株式投資ができる	×	○

もえ

なるほど…。私は少し株主優待にも興味があるから、やっぱり、ネット証券かな。

井戸先生

あせる必要はありませんが、先延ばしをしていると、いつまでも新NISAも利用できませんから、慎重に、でもスピーディーに口座開設を済ませてしまいましょう。金融機関の変更はできますが、１年に１回しかできず、変更前のNISA口座の金融商品は新しい口座に移せないことも知っておいてくださいね。

もえ

よし！　早速口座開設するぞ～！

井戸先生

あ！　株式投資をするかもしれないもえさんに１つ注意点がありました。口座開設の際に「配当金受取方式」を選ぶ必要があるのですが、必ず「株式数比例配分方式」を選択してください。難しいワードですが、これは株式の配当などを証券会社の取引口座で受け取る方式です。NISA口座で管理する株式の配当などを非課税で受け取るには受取方法を「株式数比例配分方式」にする必要があります。この方式以外を選ぶと新NISAの非課税の適用を受けることができないので、注意してくださいね。

check!

この項目のまとめ

- 新NISAの口座は１人１つ！　金融機関選びは慎重に
- 手厚いサポートが必要なら銀行を選ぶ
- 取扱商品数を重視するほか、株式投資をしたい人はネット証券を選ぶ

▶ iDeCoもお得な制度なんですか？

Topic 12

iDeCoは 40代からスタートでもOK

iDeCoは自分で自分のための年金を積み立てる制度。資金に余裕がない状態で無理に始める必要はありません

みさき

ここまで新NISAの仕組みや魅力について先生に解説してもらいましたが、もう1つの非課税制度であるiDeCoについてもぜひ知っておきたいところです。

井戸先生

iDeCo（個人型確定拠出年金）とは、自分のための年金を自分で積み立てる制度です。原則として20歳以上65歳未満の国民年金・厚生年金加入者ならば誰でも加入することができます。

もえ

公的年金では足りないお金を自分で作る制度ということですね。

井戸先生

そうです。仕組みとしては、拠出（＝積立）・運用・受取の3つの段階に分けることができます。まず、掛金の拠出については、指定口座から口座振替し、自分で設定した掛金額（毎月5000円から1000円単位で設定）を積み立てていきます。そして運用では、自分で選んだ運用商品（投資信託、定期預金、保険）で掛金を運用していきます。

みさき

掛金額も運用商品も自分で設定するんですね。

井戸先生

はい。その後、60～75歳までの間に運用したお金を老齢給付金として受け取ります。iDeCoは私的年金ということで、60歳

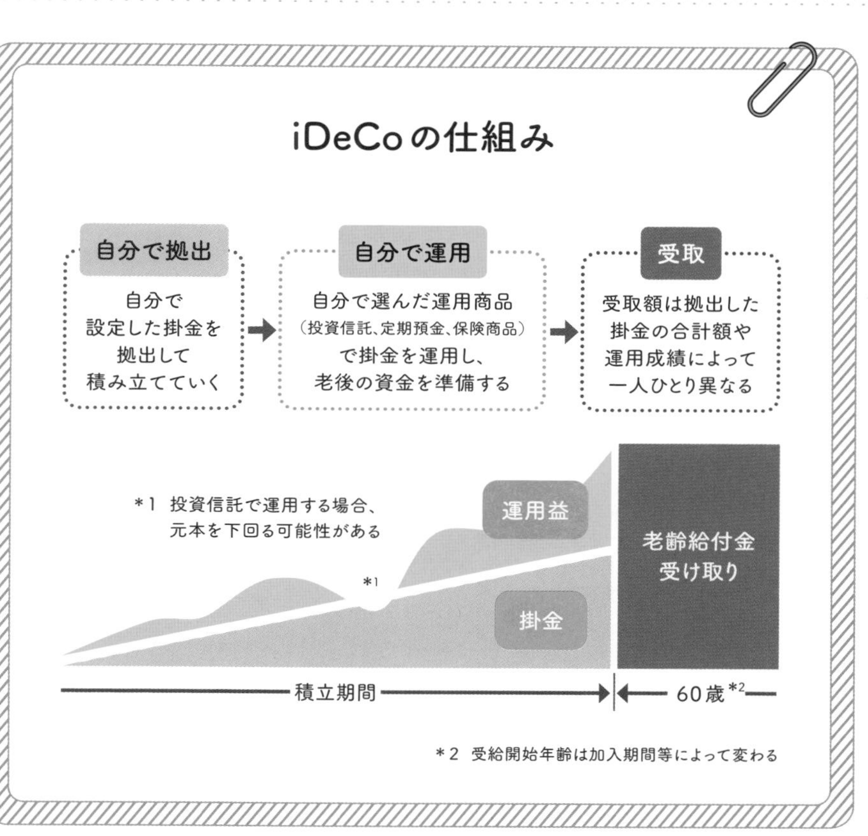

まで引き出しができないのが大きな特徴です。引き出し時の受取方法には、分割で受け取る「年金方式」と一括で受け取る「一時金方式」、その2つを組み合わせた場合の3パターンがあります。

もえ

iDeCoは、税制優遇が手厚いことでも有名ですよね。

井戸先生

その通りです。新NISAの税制優遇が運用時に限られるのに対して、iDeCoでは、拠出時、運用時、受取時の3つのタイミングでそれぞれ税制優遇を受けることができます。特に積み立てた金額は全額所得控除の対象となり、年末調整などで申告すると、税金(所得税・住民税)が軽減されるというメリットがあります。

新NISAとiDeCoの積立プランは？（会社員の場合）

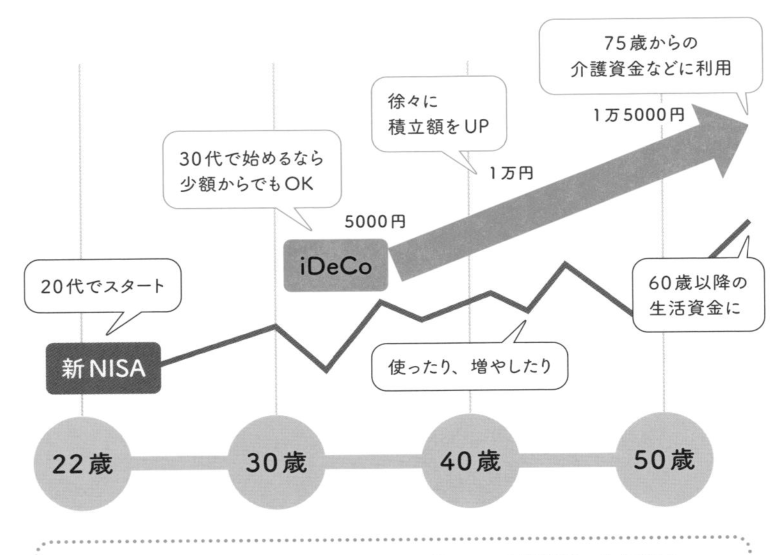

新NISAは増やしながらもライフイベントに使い、60歳以降の生活資金に。
iDeCoは75歳からの介護資金などとして考えてみよう

みさき

でも、私はiDeCoを始めても60歳まで引き出せないという点がちょっと気がかりだな～。

井戸先生

そうですね。それなら、iDeCoは鍵のかかった金庫の役割もしてくれると考えたらどうでしょう。みさきさんのように、貯蓄が苦手な人にうってつけの制度なんですよ。

もえ

ただ、途中で引き出すことができないということは、もしまとまったお金が必要になっても、iDeCoで積み立てているお金は使えないということですよね？

井戸先生

ご指摘の通りです。そのため、まだ日常の生活費にそこまで余裕のない20代のおふたりの場合、急いでiDeCoを始める必要はありません。
無理して老後のお金を貯めるより、30代までは新NISAでマイホーム購入費や結婚費用などの準備をして、iDeCoはライフイベントの目処が立つ40代からスタートするのもよいでしょう。

みさき

なるほど。私はまだ貯蓄も少ないし、新NISAを優先して始めることにします。

井戸先生

新NISAはライフイベントごとに引き出しながらも、積立はやめず、最終的には60歳以降の生活資金として活用するとよいでしょう。一方、iDeCoは40代くらいから65歳まで積み立て続け、退職後の生活費や介護資金用などとして準備しておくのもいいですね。

もえ

お金に困らない老後を送るためには、２つの制度を上手に活用することが重要なんですね！

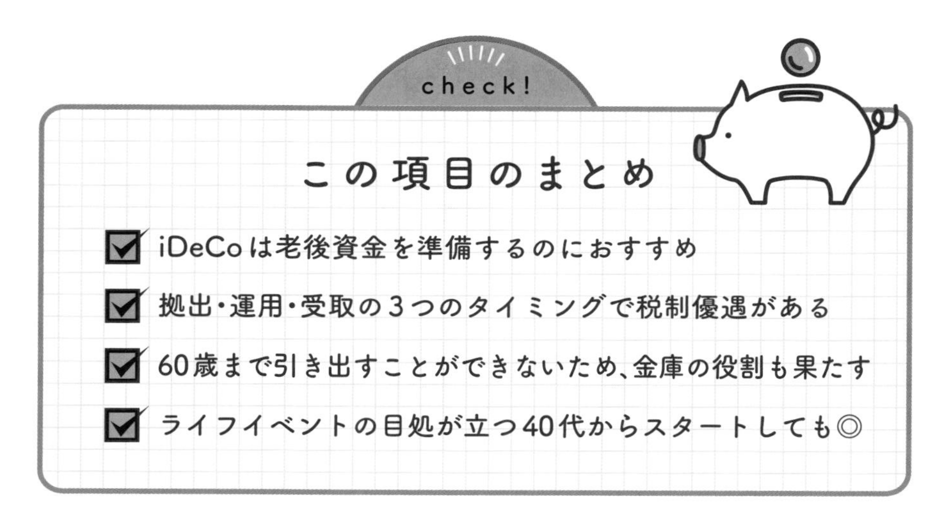

check!

この項目のまとめ

- iDeCoは老後資金を準備するのにおすすめ
- 拠出・運用・受取の３つのタイミングで税制優遇がある
- 60歳まで引き出すことができないため、金庫の役割も果たす
- ライフイベントの目処が立つ40代からスタートしても◎

▶私も「億り人」になれますか？

Topic 13

「短期間で大きく儲ける」を狙ってはダメ

リスクとリターンは比例関係にあります。
自分に合った金融商品で
資産運用を行いましょう

みさき

投資には「リスク」があるとよく聞きますが、そのほかに「リターン」という言葉を聞いたことがあります。

井戸先生

リスクとリターンはセットで考えます。リターンとは、資産運用によって得られる成果のことで、収益だけでなく、損失もリターンといいます。株式であれば、購入時と売却時の株価の差がリターンとなり、値上がっていれば収益に、値下がっていれば損失となります。

もえ

リターンには損失も含まれるということを初めて知りました！

井戸先生

一方、リスクとはリターンが予測できないことを表します。つまり、「リスクが大きい」とは、「大きく収益が得られるかもしれないし、大きく損失が出るかもしれない」という意味になるわけです。

もえ

なるほど！　リスクとリターンは比例関係にあるんですね！

井戸先生

その通りです。右ページの図は、「外貨預金（米ドル）」「トヨタ自動車株」「日本株式」「先進国株式」「新興国株式」「先進国債券」という６つの金融商品の１年間の投資収益を比較したものです。これを見てみると、収益が大きいほど、損失も大きくなっていますよね。つまり、リスクを小さくしようとすると、損益と同時に収益

1年間の投資収益の比較

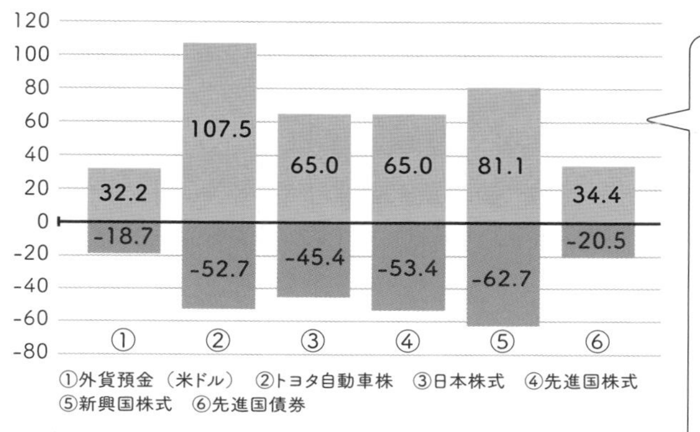

※外貨預金（米ドル）＝FF金利　日本株式＝TOPIX（配当込み）
先進国株式＝MSCIコクサイ指数（配当込み、円ベース）
新興国株式＝MSCIエマージング指数（配当込み、円ベース）
先進国債券＝FTSE世界国債インデックス（除く日本、円ベース）
※円ベースのインデックス値は、各インデックスのドルベースの月末値×TTM（三菱UFJ銀行）の月末値で計算
※データ参照期間は2013年7月～2023年7月（月次）。月末時点で各資産へ1年間投資した場合の最大上昇率・最大下落率を表示
出所：ウエルスアドバイザー（https://www.wealthadvisor.co.jp/）

も小さくなってしまうわけです。逆に大きい収益を得ようとすれば、リスクも大きくなるため、失敗したときの損失も大きくなります。

みさき

ということは、小さいリスクで大きなリターンを得ることのできる投資方法は存在しないんですか？

井戸先生

はい。残念ながら、「ローリスクハイリターン」の投資方法はこの世には存在しません。投資をする際には、リスクとリターンの関係をしっかりと理解したうえで、自分のリスクを考えながら資産運用を行うように心掛けましょう。

みさき

SNSなどを見ていると、FXや仮想通貨の取引で短期間で億単位の資産を築いた人の体験談をよく目にしますよね？　ああいうのを見るとやっぱり「羨ましいなぁ」って思っちゃいます…。

井戸先生

そういった話はよく耳にしますよね。たしかに、FXや暗号資産（仮想通貨）といった価格変動が大きい投資では、短期間で莫大なリターンを得ることも不可能ではありません。ですが、リターンが大きいということは、それだけリスクも大きいということ。運用に失敗したときの損失も莫大なものとなってしまいます。そのため、みさきさんのような投資初心者は手を出さないようにしましょう。

もえ

私も投資には興味があるし、勉強もしているけれど、FXや仮想通貨はリスクが大きすぎて、敬遠しています。

投資詐欺の手口イメージ

高利回りファンド関連の被害
（モノなしマルチ商法など）

「月利◎％」などとSNSで高利回りを謳い、出資者を募る

▼

集めたお金は実際には運用せず、新たに集めた資金を「配当」の支払いに充てる

▼

「1人勧誘するごとに配当が増える」などと持ち掛ける

▼

契約者が知人も勧誘してしまう

▼

相手と連絡が取れなくなる。契約者もその知人も出資したお金が返ってこない

外国為替証拠金（FX）取引関連の被害

SNSで「何もせずに儲かる」と謳い、「自動売買ソフト」やFXアプリの利用を持ち掛ける

▼

ソフト購入を促し、海外口座に証拠金を送金させる

▼

架空の運用益を示し、追加入金を指示

▼

画面上では利益は出ているものの、お金は引き出せない

井戸先生

もえさんのような考えで投資をしている人ばかりだと、私も安心なのですが…。最近の若い人たちのなかには、インターネットで「億り人」や「FIRE」の成功例をたくさん目にすることで、自分でも投資で一攫千金ができるのではないかという錯覚に陥っている人も少なくないようです。ですが、残念ながらFXなどで儲かった人の裏には、損をした人がいるということです。

みさき

私の周りにもそういう人がいます…。

井戸先生

悲しいことに、世の中には悪い人たちも多く、投資に幻想を抱いている若年層をターゲットにした投資詐欺も後を絶ちません。「必ず儲かる」「月利◎%」といった勧誘文句は絶対に信用しないようにしてください。うまい話には必ず裏があるんです。

みさき

おいしい話はありませんね…。気を付けます。

井戸先生

短期間で儲けようなどとは考えず、新NISAやiDeCoを活用しながら、長期で資産運用に取り組みましょう。

check!

この項目のまとめ

- ☑ リスクとリターンは比例関係にある
- ☑ ローリスクで大きなリターンを狙うことは不可能
- ☑ FXや仮想通貨は投資初心者にはおすすめできない
- ☑ 若年層を標的にした投資詐欺に要注意

Chapter 3

稼ぐ・働く

▶私が目指すのはどっち？

Topic 14

仕事に困らない「会社員」と働き方が自由な「フリーランス」

会社員とフリーランスでは働き方や福利厚生が異なります。そのメリット・デメリットを知りましょう

みさき

フリーランスのもえは自由でいいな。毎日同じ時間に出勤しなくていいし、好きなときに休めるんでしょ。

もえ

たしかに自分の裁量で仕事ができるメリットはあるかも。でも、引き受けた仕事は自分一人でやり遂げなきゃいけないから大変。ただし、やりたい仕事だし、とってもやりがいを感じています。

井戸先生

フリーランスは働き方次第で収入がアップダウンします。会社員と違って毎月決まったお給料が入らない不安定な面もありますね。もえさんのような頑張り屋さんは、「稼げるときに稼がなきゃ！」と無理をして体調を崩すことも。でもやればやっただけスキルも上がるし、自分のペースでできるのもいいですね。

もえ

そうなんです。病気やケガで働けなくなったら収入ゼロ！　有給はもちろん、会社員のような手当もないので不安です。

井戸先生

みさきさんは、お給料から社会保険料や税金を引かれていますよね。

みさき

なんだかよくわからないけれど、いろいろなものを引かれていて、手元に残るお金が思いのほか少ないんです。

会社員とフリーランスの違いは？

	会社員	フリーランス
収入	毎月ある程度一定	頑張れば多く、頑張れなかったときは少ない
時間拘束	決まった一定時間、働かなければならない	自由裁量で自分で決められる
社会保険料	会社が半分負担	全額自己負担
福利厚生	受けられる	受けられないことが多い
産休・育休	手当金があり、復職できる	ない
長期療養	療養の手当があり、休職も認められる	ない

井戸先生

引かれているのは健康保険や厚生年金などの「社会保険料」と所得税や住民税などの「税金」です。あとで詳しくご紹介しますが、フリーランスになると、加入の手続きやお金の支払い、税金の申告も全部自分でしなければいけないですね。

もえ

そうなんです。将来の年金も会社員より少ないと聞いたことがあります。税金も確定申告をして、毎年支払っています。

井戸先生

年金の仕組みや将来の老後の話もあとで詳しくご紹介しますが、みさきさんももえさんも、自分の働き方のメリット・デメリットをきちんと把握して、これからどうするか決めていけるといいですね。

みさき　もえ

はい！

会社員は安定した雇用と給与が保証されているため、社会的信用が得やすいというメリットもあるんですよ。裏を返せば、フリーランスになるということは会社という「後ろ盾」がなくなるということ。独立したら賃貸契約やクレジットカードの発行に苦労した、というのはよくある話です。

私もフリーランスになって初めて会社のありがたみがわかりました。でも、会社員と違って頑張った成果が収入に反映されるので、やりがいが感じられます！　私は結婚して子どもが生まれたら、なるべく一緒に過ごしたいし、趣味の時間も充実させたい。ワークライフバランスを重視できるのもメリットですね。

なるほど。フリーランスは自由度が高いけれど、有給や手当がないとか、大変なこともあるんですね。毎月のお給料から社会保険料や税金をたくさん引かれて不満だったけれど、自由度が低いとはいえ、いろいろな面で会社に守られているんですね。

フリーランスはプロフェッショナルですから、まず第1にクライアントの期待に応えられる「専門性」が求められますね。会社員と違って指示を出してくれる上司はいないわけですから、自ら判断して物事を遂行する「自主性」も大切です。与えられた仕事に誠実に向き合い必ずやり遂げる「責任感」や、円滑なやりとりで相手のニーズを引き出す「コミュニケーション力」も求められます。

今の私にはフリーランスは難しそうだな…。仕事をしていくなかで、自分の専門性かを磨いていけるようにしたいです。

フリーランスに求められる4つの条件

1 専門性	フリーランスはプロフェッショナル人材。 企業などにどんな利益をもたらすことができるかが 仕事を獲得するカギとなる
2 自主性	会社員にありがちな「言われた仕事をこなす」は 通用しない。タイムスケジュールや業務の 納期について適切な自己管理能力が求められる
3 責任感	仕事を得たのが自分なら完遂するのも自分。 失敗はダイレクトに返ってくるため、 一つひとつの仕事に真摯に向き合うことが必要
4 コミュニケーション能力	さまざまな企業と仕事をするため、相手のニーズに 合わせた円滑なやりとりが求められる。 フリーランスにとって基本かつ重要な能力

check!

この項目のまとめ

- ☑ 会社員は時間を拘束されるが雇用と収入は安定
- ☑ 会社員には手厚い社会保険や社会的信用がある
- ☑ フリーランスは自由度は高いが収入は不安定
- ☑ フリーランスには自主性や責任感が必要

Topic 15

▶「お金を貯める・増やす＝投資」だけじゃない

20代に一番大事なのは稼ぐ力をつける「自己投資」

20代は仕事の基礎能力を高めて キャリアの土台づくりをする時期。 資格取得やスキルアップに投資しましょう

みさき

最近、「20代から投資を！」って話をよく耳にします。それってお金を貯めないとダメっていう意味ですよね。

井戸先生

20代というのは、その後の長い人生で後悔しないためのキャリアの土台を作り上げる大切な時期です。何より、お金はそのために使うのが大事。そもそも貯蓄や投資をするにはお金が必要ですよね。20代はお金を「稼ぐ力」を身につけるために、まず自分に投資することが大事なんですよ。

みさき

今の仕事も向いているのか自信がないのに、自分の何に投資したらいいのか、イメージが湧きません。

井戸先生

20代はまだ人生経験が浅いから、みさきさんのように自分が何をしたいのか、どんな仕事が向いているのか、よくわからない人も多いでしょう。だからこそ人生の道筋を決めるために働き、さまざまな経験を積んで、自分の世界を広げることが大切。「多少の失敗は許される」特権世代でもあるので、恐れずに気になることにどんどん挑戦する気持ちが大切です。

みさき

社内で新しくスタートするプロジェクトが気になっていて、チャ

年代別キャリアプランの考え方

やりたい仕事、自分の強みを見つける

20代	30代	40代	50代
● 職業基礎力をつける ● 短期の目標をこなす ● 偶然の出会い・発見も重要 ● 流れのなかでさまざまな経験をしてみる ● 他者との競争もあり ● できるまでとことんやってみるのもよい	● ゴールを明確にして専門性を磨く ● 長期的な目標に対して計画的・戦略的な取り組みを	● 自分にしかできない仕事を見つける ● 無理がきかなくなる? ● 仕事でも家庭でも責任が増える	● セカンドライフへの移行期

20代にはキャリアを作る時間がある。
時間を味方につけて、自己投資をしましょう

レンジしようか迷っているんです。

井戸先生

いいですね！　職場でワンランク上の仕事を任せてもらえるよう、自分から働きかけるのは大事なことです。新しいチームに入って出会いもあるでしょうし、プロジェクトの進行でさまざまな経験もできるでしょう。仕事に熱心に向き合えば、自然と意欲が湧いてきて、周りの人からの評価も得られるようになりますよ。

みさき

勇気が湧いてきました！　チャレンジしてみます！

もえ

私はまだ駆け出しのWebデザイナーなので、取引先との交渉の場などでのコミュニケーションには気をつかっています。でも、今頑張れば必ず将来の自分のためになると思うので、今のうちに仕事の基礎能力を高めておこうと思っています。

井戸先生

もえさん、その通りです。20代でまずやるべきは、キャリアの土台となる基礎能力を身につけること。前に踏み出す主体性や、物事を解決する力、コミュニケーション力など、職種や環境にかかわらず社会人として必要な基礎能力を高めておきましょう。

みさき

やる気が出てきました！　私も今の職場で基礎能力を身につけるよう頑張ります。もえみたいに、もっと専門性を高める資格にもチャレンジしてみようかな。

井戸先生

進むべき方向が見えたら資格取得するのもいいですね。みさきさんの場合は、まずは今の仕事に役立つスキルや知識を身につけることに集中してはどうかしら。プロジェクトに関連するセミナーを受講したり、インターネットや本で情報収集したり、短期の目標をこなす力を身につけるといいですよ。

みさき

はい！　まず目の前の課題に取り組んでみます。

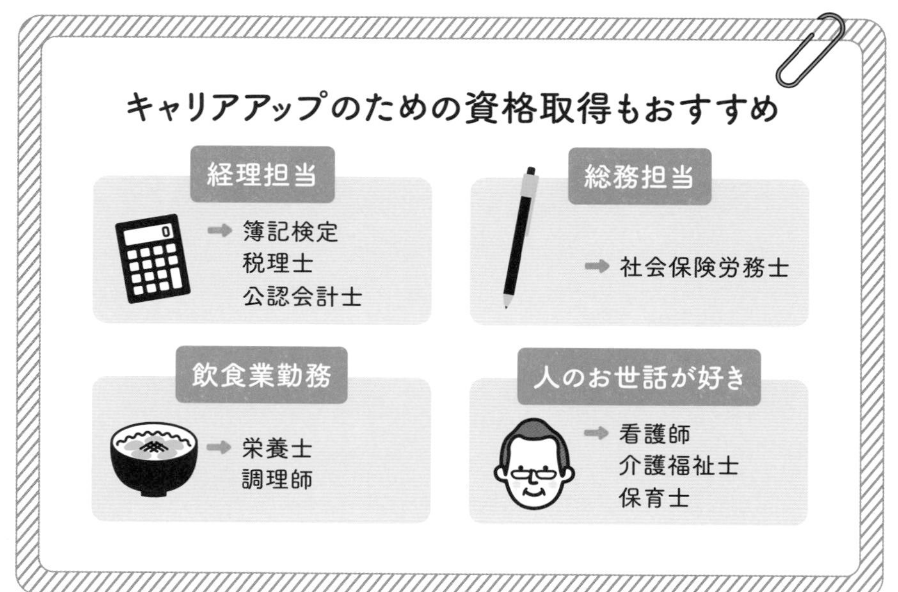

20代のうちはいろいろ体験してみて、迷うこともいいと思いますが、30代前半までには目指すゴールを明確にしておきましょう。30代はゴールに向けて専門性を磨き、資格やスキルを足してキャリアを強固にする段階です。

女性におすすめの資格は何がありますか？

看護師、介護福祉士、税理士などの専門職は年齢や環境の変化にかかわらず働けるので有利ですが、国家資格なので難易度は高め。専門職に目標を定めたら、早めにチャレンジするといいですね。私は20代で社会保険労務士の資格を取得し、30代で仕事の幅を広げるため、FPなどさまざまな資格を取得しました。

私にはハードルが高そう…。

みさきさんのように会社員としてキャリアアップを目指す場合は、日商簿記検定やTOEIC、MOS（マイクロソフトオフィススペシャリスト）、キャリアコンサルタントなど、ビジネスに役立つ資格やスキルがおすすめ。転職のときも強みとしてアピールできます。

check!

この項目のまとめ

- ☑ 20代のうちに稼ぐ力の源泉になる自己投資をする
- ☑ 失敗を恐れずワンランク上の仕事にも挑戦
- ☑ 20代のうちに社会人としての基礎能力を高める
- ☑ 資格やスキルでライフステージの変化に備える

▶頑張っているのに評価されないのはなぜ？

Topic 16

「相手に喜ばれる人」になろう!

**相手が求めていることを正しく察知して
うまく仕事に反映させる人は、
評価に繋がりやすくなります**

みさき

同期の友人はお給料が上がっているのに、私はなかなか上司から認めてもらえなくて…。少しやる気を失っているところです。

井戸先生

たしかに、同期とお給料の差が出るのはツラいですよね。ところで、みさきさんは社員の報酬がどのような仕組みで決まるのか知っていますか？

みさき

上司が部下の頑張り具合や人事評価シートを見て決めているんじゃないんですか？

井戸先生

そうね、当たらずとも遠からず、かしら。人事制度は簡単にいうと「評価」→「処遇」→「報酬」のサイクルで決められていて、報酬を上げるには上司の「評価」を高める必要があります。みさきさんに伝えておきたいことは、「頑張り」は「評価」に繋がらないということです。

みさき

えっ、そうなんですか？

井戸先生

なぜなら「頑張り」は自分自身の評価で、上司の評価ではないからです。「精一杯頑張ったのに認めてくれない」「自分の実力に気付いてくれない」と感じているなら、みさきさんの頑張りは上司

「喜ばれる人」になる3つの心得

自分の「頑張り」が必ずしも「評価」に繋がらないことを理解するべし！	自分が与えられた仕事に一生懸命向き合い、ひっそりと努力を続けることはすばらしいこと。しかし、「頑張り」は自分自身の評価のため、それだけでは上司からの評価には繋がらないこともある
相手が求めていることを正しく理解するべし！	会社や上司が「今どんな働き方を求めているか」「何に注力してほしいか」を理解しないままでは、上司からの期待とのズレが生じてしまう。上司が今求めていることはなんなのかを把握し、それに沿った行動をすることが大切
リターンをもたらす「期待感」を抱いてもらう行動をするべし！	「この人がいると助かる」「仕事がはかどる」と、自分に利益をもたらしてくれる人だと会社や上司に思わせるような行動を意識する。自分自身がやりたい仕事をこなすだけでは、頑張りが無駄になり、評価もなかなか上がらない

に「喜ばれる」内容ではなかったということなのです。

みさき

そういえば思い当たることが…。上司に頼まれた仕事を残業して仕上げたのに「時間内にできないならほかの人に頼めばよかった」って言われたことがありました。

井戸先生

上司はみさきさんが自分の仕事を優先してくれることを期待していたのでしょう。もしみさきさんが自分の仕事を後回しにして先に上司の仕事を片付けていたら、「自分を重視して助けてくれる人」と感じて、評価はまったく違うものになっていたでしょう。

みさき

頼まれた仕事を後回しにしたのがいけなかったのですね。私、どうしたら「喜ばれる人」になれるんでしょうか？

井戸先生

「頼めば、期待通りの仕事をしてくれる信頼できる人」と思われることです。そのためには、相手が自分に今何を求めているのか、正しく察知する力を身につけることが必要ですね。

もえ

自分に仕事を頼んだ背景を察知するってことですかね。そこまで考える必要があるということですね。

井戸先生

その通り。手が回らずに困っているとき、頼んだ仕事を快く引き受けてスピーディーに処理してくれる人がいたら助かるでしょ？ この人がいると仕事がはかどる、利益をもたらしてくれる、そういう期待感を与えられたら、上司の評価も高くなるでしょう。

みさき

同期の友人は簡単な仕事ばかりしているのに評価が高いのはなぜ？　と思っていたけど、いつも上司や同僚の仕事を率先して手伝っていて重宝がられていました。それが相手に「喜ばれる人」なんですね。やっぱり会社員は大変だなぁ。

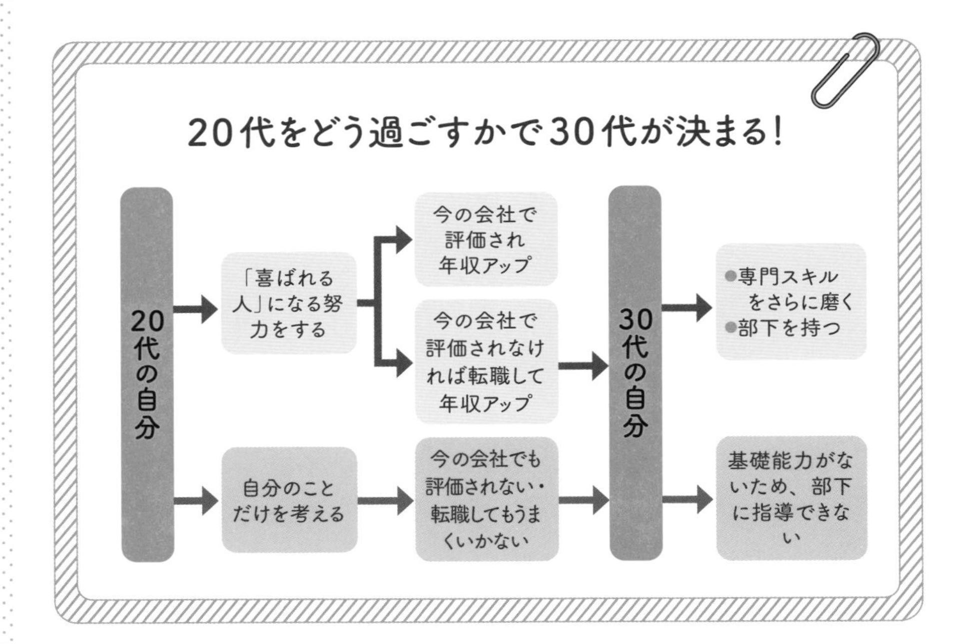

井戸先生

相手に「喜ばれる人」であることは、どんな仕事にも役立つ能力であって、もえさんのようなフリーランスにとっても大切なこと。ビジネスの大原則でもありますよ。

もえ

私はWebデザイナーとしては駆け出しだけど、人の話を聞くのは好き！　この前、取引先の人が「もえさんとまた仕事がしたくて」と新しい案件を依頼してくれました。うれしかったなぁ。

井戸先生

フリーランスのもえさんの場合、取引先の人に「喜ばれる人」になることが直接収入に結びついているのですね。会社員のみさきさんは、取引先を上司や仕事仲間に置き換えて考えるとよいでしょう。

みさき

なるほど！　私も上司に「喜ばれる人」になって、収入アップを目指します！

井戸先生

会社員の場合、20代のうちは収入にさほど変化がないかもしれませんが、「喜ばれる人」になること、つまり社会人としての基礎能力を身につけるか否かの違いは、30代に大きな差となってあらわれるので頑張ってください。

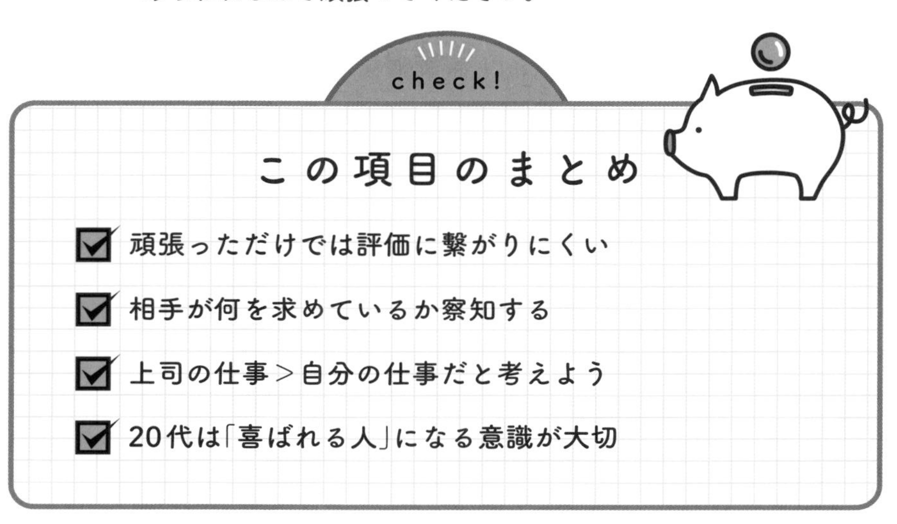

Topic 17

▶20代でも副業したほうがいい？

将来に役立つ副業なら挑戦してみよう

副業する人は年々増加傾向に。独立や起業の足がかりにするほか、本業のキャリアアップ目的で副業する発想も

みさき

コロナ禍のリモートワークをきっかけに、友人が在宅で副業を始めて、いいおこづかい稼ぎになっているそうです。私も始めようか迷っているのですが、どう判断したらよいのでしょうか？

井戸先生

働き方改革の一環として、国が副業・兼業の普及を促していることから、副業を許可する企業も増えているようですね。みさきさんの会社も副業を認めているということかしら？

みさき

はい、昨年の春に副業を認める制度がスタートして、労働時間の制限などはありますが、本業に支障のない範囲で認められています。

井戸先生

それなら、副業をしても問題ありませんね。副業・兼業を認める制度を導入する企業は年々増えていて、2022年に行われた調査によると、調査対象となった企業の約5割が実施していたそうです。

みさき

え、本当ですか？　じゃあ、副業している人はどのくらいいるのでしょうか？

井戸先生

実際に副業をしている人は全体の１割程度ですが、やってみたい人も含めると、その数は５割を超えています*。これからは副業をするのが当たり前の時代になるかもしれませんね。

＊リクルート「『兼業・副業に関する動向調査2022』データ集」より

オンラインでOK！ 会社員にもおすすめの副業

オンライン事務・経理	動画編集
POINT▶**本業のスキルをそのまま活かせる**	POINT▶**需要が伸びており、仕事が見つかりやすい**
報酬目安▶時給1000円～1500円など	報酬目安▶1件1万円～30万円など
データ整理、領収書の仕分け・入力など、事務・経理系の仕事の需要は高い。ただし、競合も多く、スピード感が求められることも	クライアントが撮影した動画をPCで編集。現在はYouTube用の仕事や企業のPR動画などの仕事もある。簡単な編集作業は独学でも身につけられる

オンラインカウンセラー	オンライン講師
POINT▶**専門的な知識が必要ない案件も多い**	POINT▶**今あるスキルを活かし効率的に稼げる**
報酬目安▶時給1500円～5000円など	報酬目安▶1回1000円～5万円など
家族や友人に打ち明けにくい、専門家に頼るほどではない悩みを持つ人が顧客。悩みの相談相手になったり、愚痴を聞いたりする	「履歴書の書き方」など、誰かの課題を解決できるノウハウがあれば専門家でなくても講師になれる。スケジュールを自分で調整しやすい

みさき

なるほど。私も副業について学んでおきたいです。

井戸先生

まずは副業のメリットとデメリットについて知っておきましょう。みさきさんのお友だちはおこづかい稼ぎで副業をしているようですが、収入アップのほかにどんなメリットがあると思いますか？

もえ

私もフリーランスになる前は会社員でしたが、副業でHP制作のアルバイトをして経験を積み、Webデザイナーに必要なスキルを身につけました。副業の経験は、独立や起業の足がかりにもなりますよね？

井戸先生

たしかに、もえさんのようにやりたいことがある人は、本業で収入減のリスクを避けながら、副業で将来に向けた挑戦ができるメリットがありますね。

みさき

本業と副業でダブルワークすれば、収入も大幅にアップしそう！

井戸先生

本業と副業のバランスやタスク管理が難しくなりますが、軌道に乗れば、安定した収入を得ながら夢を実現することも可能です。例えば、副業でゲームを自主制作する資金を稼ぎ、クリエイターになる夢を実現。本業と兼業で活動を続けて、安定した収入を得ている人もいますよ。

みさき

私にはまだ特別な夢はありませんが、ほかにもメリットがありますか？

井戸先生

副業で得た知識やスキルをもとに、本業でキャリアアップを目指す、という発想もあると思います。例えば、企業の経営相談に応じている中小企業診断士が物事を伝える力をブラッシュアップするために、副業でオンラインセミナーの講師を行っているという例もあります。

もえ

キャリアアップを目的に副業する、という発想ですね。

井戸先生

副業でキャリアアップを目指すなら、本業でスキルアップできるような仕事を選ぶ、というのもポイントですね。

みさき

なるほど！

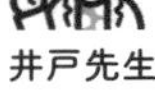
井戸先生

反対に、副業で今まで経験したことのない仕事に挑戦することで、自分自身の新たな可能性を発見できるかもしれません。仕事の向き不向きもわかるようになり、将来の道筋も見えてくると思いますよ。

もえ

副業で気を付けることはありますか？

井戸先生

副業による収入が年間で20万円を超えると、会社員であっても自身での確定申告が必要になります。確定申告が面倒な場合は、副業による収入を20万円以内に抑えておきましょう。

副業の落とし穴に要注意！

① 確定申告の漏れ

▶年間20万円を超えたら要申告！

本業で給与を得ながら副業している人は、副業の年間所得が20万円を超えると、1年間の総所得を集計して税金を自分で計算、申告・納税する確定申告の義務が生じる。納めるべき金額を納めないと、延滞税や過少申告加算税といったペナルティも

②本業の会社への損害

▶秘密保持違反や名刺利用に注意

本業に支障をきたす、企業秘密を漏らす、会社の信用を損なうといった行為はすべて懲戒処分の対象。「本業の就業時間中は副業をしない」「本業の名刺は使わない」といった最低限のルールを守らないと本業まで失う最悪の事態に

③ 副業詐欺

▶「お金を支払う」副業は危険度大

副業開始にあたり、仕事のあっせんなどをうたい、入会金や情報提供料、紹介料、教材費といった名目で初期投資を要求する業者には要注意。SNSなどを利用した悪徳商法が横行している。「必ず儲かる」などの過剰な表現での勧誘には要注意

④法律違反

▶無自覚に著作権法や商標法に触れていることも

例えば、チケットの高額転売（チケット不正転売禁止法）や偽物の販売（商標法）で無自覚に法律を犯していることも。また、知識のないまませどり（転売）やオークション販売などを行い、古物営業法を侵害している可能性も。処罰の対象とならないよう注意しよう

この項目のまとめ

- ☑ 副業・兼業を認めている企業は全体の約5割
- ☑ 副業は独立や起業の足がかりにもなる
- ☑ キャリアアップを目的とした副業もあり
- ☑ 本業で収入を確保しつつ新しい仕事に挑戦できる

Topic 18

▶20代での転職は「あり」?

「今の仕事が不満だから」で辞めてはダメ

「何を叶えたいのか」を明確にしたら
「キャリアアップ」か「キャリアチェンジ」か
転職の目的を決めましょう

井戸先生

おふたりは、これまでに転職を考えたことはありますか?

もえ

私は自分で決めた職業だし、仕事にも満足しています。今のところ、転職を考えたことはないです。

井戸先生

もえさんは自分で選んだ道だから、転職は考えないですよね。みさきさんはどうかしら?

みさき

私はまだ本当にやりたいことが見えていなくて…。もっと条件のいい会社があれば転職したいな、って思っちゃいます。

井戸先生

多くの経験を積んで自分の世界を広げるという意味でも、20代で転職するのは決して悪いことではないと思います。ただし、転職する理由については明確にしておく必要があります。みさきさんが転職したいと思う理由はなんですか?

みさき

仕事内容やお給料に対する不満、ですかね?

井戸先生

みさきさんの言っている「不満」というのは退職したい理由であって、転職したい理由ではないはず。まずはそこに気付くことからスタートしましょう。

キャリアアップとキャリアチェンジ、どちらを目指す？

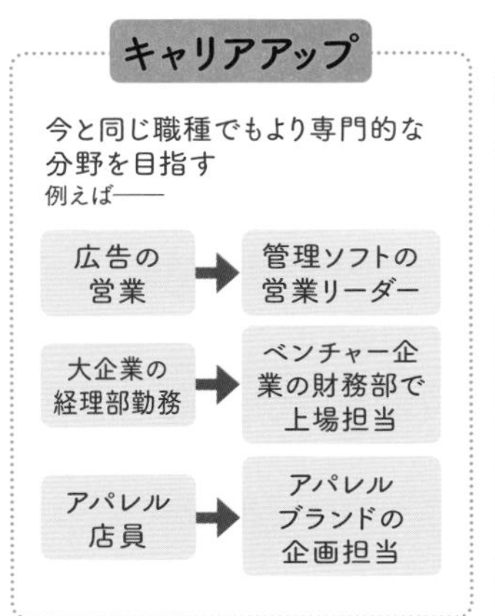

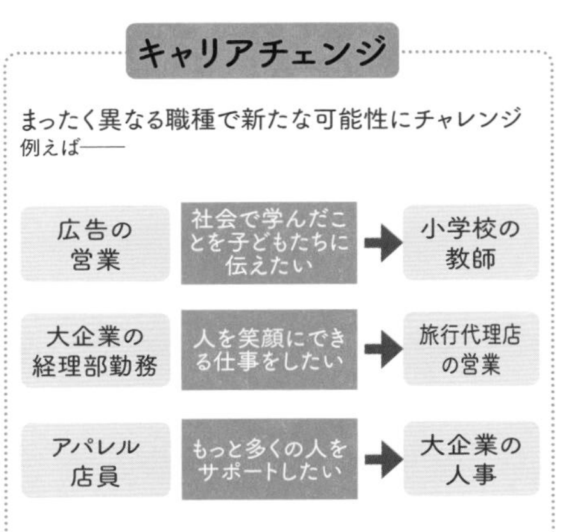

転職の理由が「不満」ではダメなんですか？

みさきさんの不満の裏には、「やりがいのある仕事で自分の力を存分に発揮して、正当な評価で給与を得たい」という、ポジティブな思いが隠れていませんか？

はい、その通りです！

転職はネガティブな状態を解消してポジティブな状況を手に入れるために行うもの。まずは「何を叶えたいのか」という転職理由を見つけ、そのためには「何をすべきか」という転職の目的について考えてみましょう。

えっ？　転職の目的ですか？

井戸先生

私は、転職の目的は主に２つあると思っています。1つは「キャリアアップ」、もう1つは「キャリアチェンジ」です。

みさき

キャリアアップとキャリアチェンジ、ですか？

井戸先生

転職で目指す「キャリアアップ」とは、今と同じ職種だけどより専門的な分野や高いポジションに就き、自分の市場価値を高めること。一方「キャリアチェンジ」は、まったく違う職種に就いて新たな可能性に挑戦することをいいます。

みさき

私が転職するなら、どちらを目指すべきでしょうか？

井戸先生

20代のみさきさんは、今の仕事を一通り経験したでしょうし、現職で「やりたいことが見えない」のであれば、「キャリアチェンジ」を目指す選択肢もありですね。

みさき

私はSNSで情報発信するのが得意なので、SNSマーケティングの仕事をしてみたかったんです。挑戦してみようかな。

井戸先生

いいと思いますよ！　前にも言いましたが、20代は「多少の失敗が許される」年代です。「キャリアアップ」は30代からでも遅くないので、今のうちに「キャリアチェンジ」して自分の世界を広げておくのもよいでしょう。

みさき

私は25歳だから、今がチャンスかもしれないですね！

井戸先生

転職にチャレンジするなら、大事なアドバイスがもう1つあります。それは「転職先は辞める前に見つけておく」ということ。経済的余裕がないなかで職探しをすると、妥協して納得のいく仕事を見つけられない可能性もあるので気を付けてくださいね。

それだと、転職する意味がないですもんね。

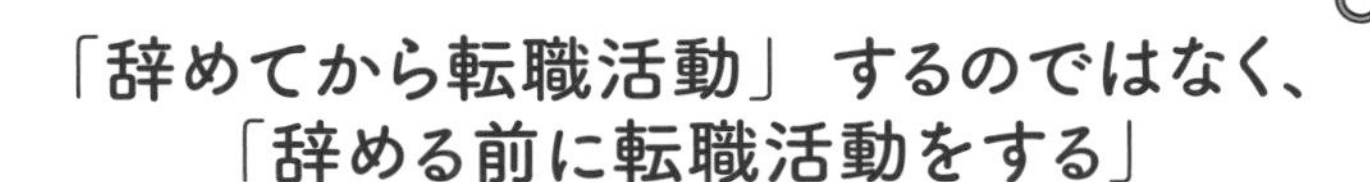

辞めてから転職活動	退職後2カ月＋7日は失業給付が出ない →	経済的にも苦しく、新しい会社の条件を吟味できずに就活 →	辞める前より悪い条件で不満が残る転職
辞める前に転職活動	有給を取るなど業務時間外に転職活動をすれば収入は減らない →	納得のいく条件の会社がなければ転職活動を中断できる →	辞める前よりいい条件で納得の転職（有給消化も計画的に行える）

※転職先が決まっているなら、失業給付は受けられない

check!

- 転職する理由を明確に。「不満」を理由にしない
- キャリアアップかキャリアチェンジか、目的を決める
- キャリアチェンジはできれば20代のうちに
- 転職先は辞める前に見つける

Chapter

4

もらう・納める

Topic 19

▶なんでこんなにお給料から引かれるの？

20代は4種類の社会保険に加入している

一度は耳にしたことがある「社会保険」という言葉。どんな保険に加入していて、それぞれどんな役割を果たしているかご紹介します

みさき

この間給与明細を見ていたら、お給料から社会保険料ががっつり引かれていることに気付いたんです。「社会保険」って実はちゃんと理解できていないのですが…。

井戸先生

社会保険とは、病気やケガ、失業、老後の介護などさまざまな人生のリスクに備えるために皆で保険料を出し合い、お互いに支え合う制度のこと。公的医療保険、公的年金、雇用保険、労災保険、介護保険の５種類があり、会社員はこの５つにすべて加入しています。介護保険は40歳から保険料を支払うので、現在みさきさんは介護保険を除いた４つの社会保険料を支払っているわけです。一方、もえさんはフリーランスなので会社員とは異なり、公的医療保険、公的年金に加入しています。

みさき

たくさん加入しているから社会保険料が高いのかな？

井戸先生

でも、会社員は保険料を全額支払っているわけではないんですよ。公的医療保険と公的年金の支払いは本人と会社が半分ずつ折半、雇用保険は会社負担のほうが大きく、労災保険は会社が全額負担です。つまり、給与明細に記載されている支払額は、会社が支払ってくれた保険料を除いた金額なんです。

会社員の社会保険の種類は?

公的医療保険

加入できる社会保険
健康保険組合や協会けんぽ
(全国健康保険協会)など

保険料負担者
会社と本人が
半分ずつ負担(労使折半)

公的年金

加入できる社会保険
国民年金
厚生年金

保険料負担者
会社と本人が
半分ずつ負担(労使折半)

雇用保険

加入できる社会保険
雇用保険

保険料負担者
会社負担のほうが大きい

労災保険

加入できる社会保険
労災保険

保険料負担者
会社が全額負担

介護保険

40歳から加入、
保険料
支払い開始

加入できる社会保険
健康保険組合や協会けんぽ
(全国健康保険協会)など

保険料負担者
会社と本人が
半分ずつ負担(労使折半)

会社側も負担してくれているんですね! ところで、この5つの保険にはそれぞれどんな役割があるんですか?

公的年金には「国民年金」と「厚生年金」があり、老後の所得保障などの役割を果たしています。自営業者や専業主婦(夫)は国民年金のみ、会社員は両方に加入しています。

働き方と年齢次第で加入する「健康保険」が異なる

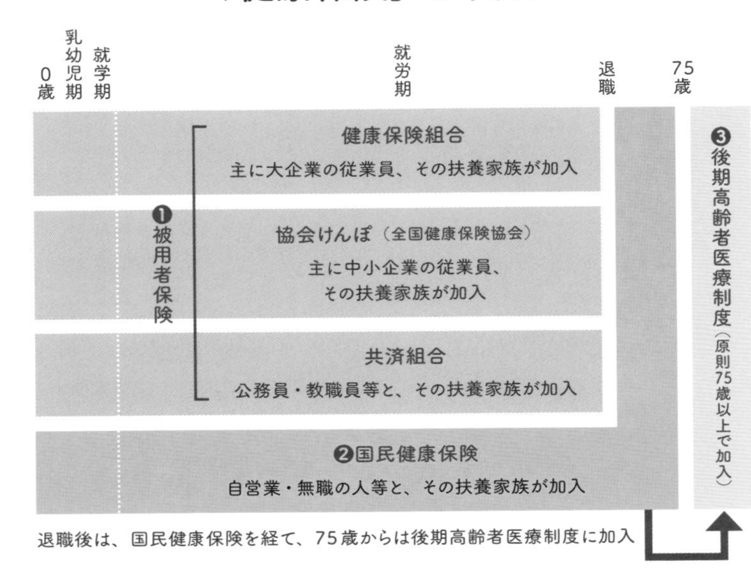

収入によって医療費の自己負担割合が異なる

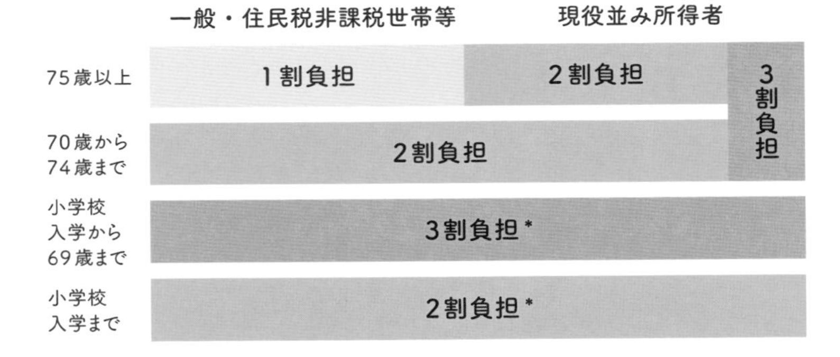

＊子どもの医療費は自治体独自の助成制度により異なるが、無料のところがほとんど

私は２つの年金に入っているんだ！

「雇用保険」や「労災保険」は、病気やケガで働けなくなったときに生活をサポートしてくれるもので、会社員が加入できます。会社員は社会保険料の支払いが多いように思えますが、その分手厚い保障が受けられるのです。続いて「介護保険」ですが、これは高齢者の介護を社会全体で支える仕組みです。
最後に公的医療保険ですね。公的医療保険は一般的に「健康保険」とも呼ばれており、働き方と年齢によって「被用者保険」「国民健康保険」「後期高齢者医療制度」の３つに分かれています。

私は会社員なので、加入しているのは被用者保険ですか？

そうですね。75歳未満の会社員や公務員、その扶養家族は被用者保険に加入します。さらに被用者保険のなかでも「健康保険組合」「協会けんぽ」「共済組合」などと種類が分かれていて、勤務先によって加入先が異なるんですよ。

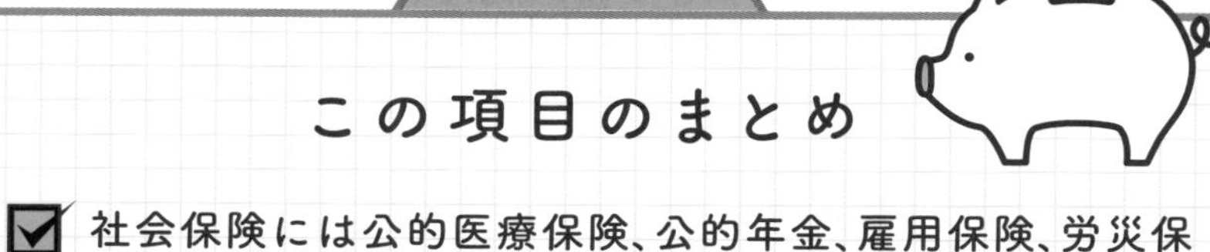

この項目のまとめ

- ☑ 社会保険には公的医療保険、公的年金、雇用保険、労災保険、介護保険がある
- ☑ 会社員の社会保険料の半分は会社が負担している
- ☑ 会社員は被用者保険、自営業者は国民健康保険に加入

▶病気や失業で働けなくなったときが心配

Topic 20

社会保険はもしものときのためのお助け制度

病気やケガなどで収入がなくなった場合、公的医療保険や雇用保険から給付金が支給されます

井戸先生

病気にかかると医療費が高額になってしまったり、働けなくなって収入が減ってしまったりとさまざまなリスクがあります。そのようなとき、おふたりはどのような対応をとればよいか知っていますか？

もえ

自己負担の上限額を超えたら、その分の医療費は返ってくると聞いたことがあります。

井戸先生

それが「高額療養費制度」という仕組みですね。年収に応じて医療費の自己負担額の上限が決まっており、その上限を超えてしまった分は公的医療保険から支給されることになっています。

みさき

公的医療保険のおかげで自己負担が３割で済むとはいえ、入院や手術をするようなことになったら、自己負担額はかなり高くなりますよね。

井戸先生

そうですね。実際に例を見てみましょう。例えば医療費が100万円かかったとき、70歳未満の人は３割の30万円を負担します。これは大きな負担ですよね。ただし、高額療養費制度のおかげで、年収約370万～約770万円の人であれば、上限額の８万7430円を支払えばよいということになります。差額の21万2570円は公的医療保険から支給されるのです。医療機関の窓口

高額療養費制度とは?
(一般的な収入の人のケース)

例えば…20代で年収370万円のもえさんが
100万円の医療費で、自己負担(3割)が30万円かかる場合

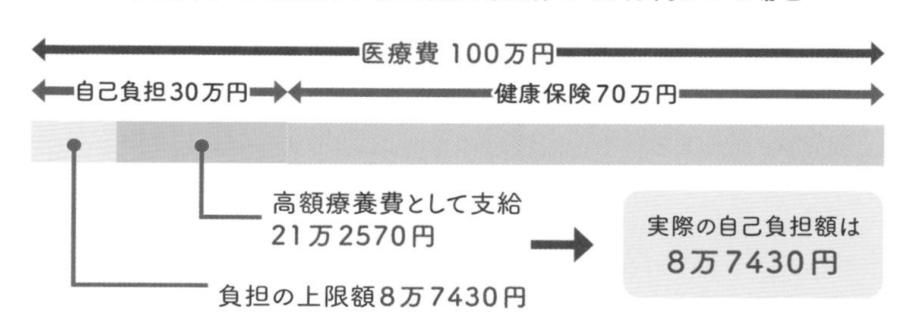

自己負担上限額〔70歳未満の人の場合〕

	適用区分	ひと月の上限額(世帯ごと)
ア	年収約1160万円〜 健保(会社員など) :標準報酬月額83万円以上 国保(自営業者など):所得901万円超	25万2600円+ (医療費−84万2000円)×1%
イ	年収約770万〜約1160万円 健保(会社員など) :標準報酬月額53万〜79万円 国保(自営業者など):所得600万〜901万円	16万7400円+ (医療費−55万8000円)×1%
ウ	年収約370万〜約770万円 健保(会社員など) :標準報酬月額28万〜50万円 国保(自営業者など):所得210万〜600万円	8万100円+ (医療費−26万7000円)×1%
エ	〜年収約370万円 健保(会社員など) :標準報酬月額26万円以下 国保(自営業者など):所得210万円以下	5万7600円
オ	住民税非課税者	3万5400円

でマイナンバーカードを使えば、上限額以上の一時払いはありません。

21万円も! とてもありがたい制度なんですね!

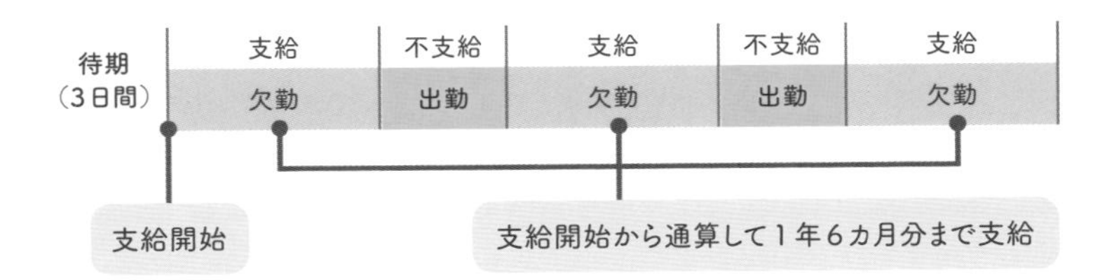

失業給付の所定給付日数は？（基本手当）

自己都合や定年・離職の場合

離職時の年齢 ＼ 被保険者であった期間	１年以上 10年未満	10年以上 20年未満	20年以上
全年齢	90日	120日	150日

倒産、解雇、雇い止め等による離職の場合

離職時の年齢 ＼ 被保険者であった期間	１年未満	１年以上 ５年未満	５年以上 10年未満	10年以上 20年未満	20年以上
30歳未満		90日	120日	180日	ー
30歳以上35歳未満		120日	180日	210日	240日
35歳以上45歳未満	90日	150日	180日	240日	270日
45歳以上60歳未満		180日	240日	270日	330日
60歳以上65歳未満		150日	180日	210日	240日

井戸先生

公的医療保険のうち、被用者保険に加入する人が利用できる「傷病手当金」も知っておきましょう。これは会社員などが働けなくなった場合の助けとなる制度で、業務外の病気やケガによって連続して３日間休んだとき、４日目以降の欠勤に対して給与の約３分の２にあたる手当金が支給されます。

みさき

欠勤の期間がいくつかに分かれてもいいんですね。

井戸先生

途中で出勤を挟んでも、支給開始から通算１年６カ月分の欠勤期間に対して支給されます。ただし、仕事に就くことができない、欠勤の期間に給与の支払いがないことなど、条件があります*。

みさき

手厚いサポートですね…！　もしもこの先、失業なんてことになったらどうすればいいのでしょうか？

井戸先生

その際は「失業給付（基本手当）」を受けられます。失業給付は雇用保険の代表的な機能で、失業者の再就職を支援する給付金です。受給の条件として、一定以上の被保険者期間があること、就職する意思や能力があるにもかかわらず仕事が見つからない状態であることをハローワークに認定してもらうことが必要になります。

もえ

人によって給付日数が変わってくるんですね。

井戸先生

給付日数は退職理由によって90～330日と異なります。なお、給付額は離職直前６カ月間の平均賃金の５～８割で、30歳未満なら日額6945円を上限に受け取れます（2023年８月現在）。

check!

この項目のまとめ

- ☑ 自己負担上限額を超えた医療費は公的医療保険から支給
- ☑ 病気やケガで働けないときは傷病手当金も利用しよう
- ☑ 失業給付は、就職する意思があり、実際に就職活動している場合に受けられる

＊給与の支払いがあっても、傷病手当金の額よりも少ない場合は、その差額が支給される

Topic 21

▶「学び直し」をしたいけれど費用が心配

「学び直し」のときにもらえるお金がある!

多様なキャリアを築くために近年、重要視されているのが「学び直し」。その際に使えるお金の制度を紹介します

みさき

最近、転職ってごく普通のことになってきましたよね。今は考えていないですが、私もいつかは転職しようかなと思っています。

井戸先生

たしかに近年は人生のステップ数が増えていると言われています。これまでは教育を終えたら就職し、１つの会社で定年まで勤め、引退後はゆっくり過ごすというステップが一般的でした。ですが、今は転職をしたり、転職のための学び直しをしたり、引退後もさまざまな活動を行ったりとステップが多様化していますよね。

もえ

「学び直し」とか「リカレント教育」って最近よく聞きます！　でも、これらのワードはなぜ急に注目され始めたんですか？

井戸先生

今は「人生100年時代」と呼ばれ、健康に働き続けられる期間が10年、20年と延びていますよね。一方でさまざまな産業において機械化やAIの活用が進み、仕事で求められるスキルもこれまでにないほど大きく、そして早く変化していくと考えられます。既存の知識やスキルがすぐに時代遅れのものになり、最新のものにアップデートすることが求められていることが挙げられます。

みさき

なるほど～！　学び直しは重要ですね。私も興味があるのですが、具体的にはどこで何をしたらよいのでしょうか？

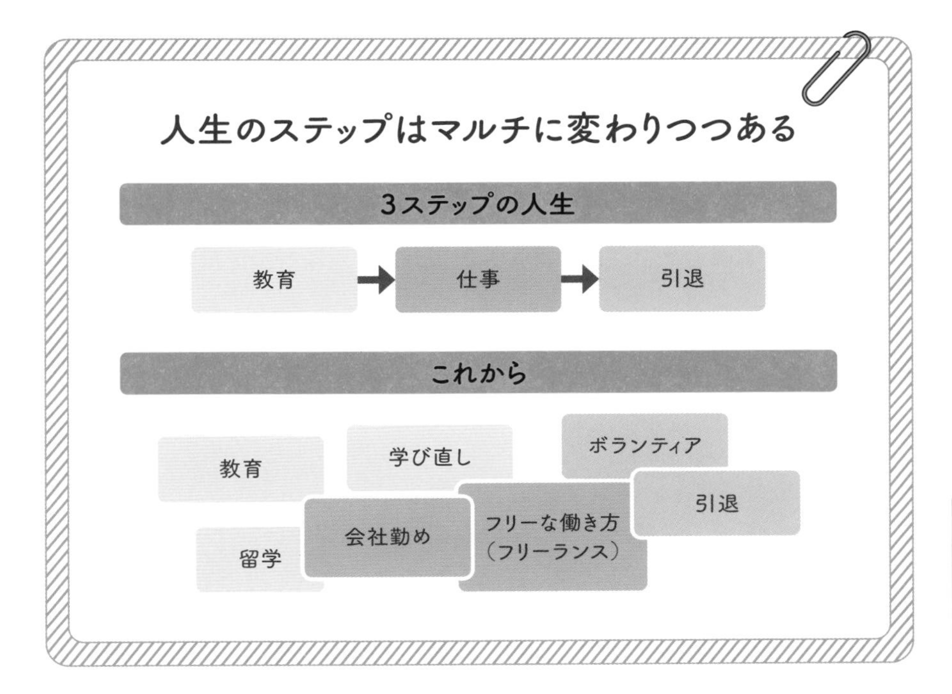

井戸先生

方法はさまざまですが、働きながら学び直すのであれば、文部科学省が創設した「BP（職業実践力育成プログラム）」の利用が考えられます。これは、大学や大学院の教育システムを活用し、学び直しの支援をするもの。社会人や企業などのニーズに応じた実践的・専門的なプログラムを学べます。何年も高等教育から遠ざかっていた場合、知識が古くなっているもの。それを更新し最新の業務スキルを学費支援を受けながら手にすることができます。

みさき

魅力的な制度ですが、もう一度大学に通うってことは経済的な負担も覚悟しないといけないですよね…。

井戸先生

みさきさんは会社員ですので「教育訓練給付制度」を使うことができるかもしれませんね。社会人の学びの場には大学、大学院、放送大学、専門学校などがありますが、これらの教育機関が開講するBPのうち、約半数は「教育訓練給付制度」が利用できます。

みさき

給付金がもらえるんですか!?

井戸先生

「教育訓練給付制度」とは社会人の能力開発を支援する制度で、国が指定する教育訓練を修了した際、受講費用の一部が国から支給されます。下の表のように、教育訓練給付制度は受講する講座によって３種類に分けられ、①「専門実践教育訓練給付」は看護師、MBA、法科大学院といった専門性の高いスキルの習得を目指す講座、②「特定一般教育訓練給付」は社会保険労務士など

教育訓練給付制度とは

	❶専門実践教育訓練給付	❷特定一般教育訓練給付	❸一般教育訓練給付
給付内容	受講している間、また、修了した場合、受講費用の50%（上限年間40万円）を支給 ※訓練修了後1年以内に、資格取得等し、就職等した場合には、受講費用の20%（上限年間16万円）を追加支給	受講費用の40%（上限20万円）	受講費用の20%（上限10万円）
支給要件	在職者または離職後1年以内（妊娠、出産、育児、疾病、負傷等で教育訓練給付の対象期間が延長された場合は最大20年以内）の者		
	雇用保険の被保険者期間3年以上 （初回の場合は❶は2年以上、❷❸は1年以上）の者		
講座数	2861講座	572講座	1万1177講座*
受給者数（2020年度実績）	2万9404人	1647人	8万9011人

※講座数は2023年10月時点の情報（＊2021年10月時点）

の特定の資格、③「一般教育訓練給付」は簿記検定などをはじめとする、資格を取得するための講座が対象となっています*。給付額は2～5割で、①の場合、資格取得などの一定条件を満たすことで給付額が7割までアップします。ただし、この制度を利用できるのは雇用保険の被保険者（離職後1年以内の者も含む）です。

みさき

会社を辞めて学び直す場合も利用できますか？

井戸先生

離職後1年以内なら教育訓練給付制度を利用できますよ。ただし、離職後に全日制の大学や専門学校へ通う場合は失業給付を受けられないことに注意してください。ちなみに、この制度は雇用保険に加入できない自営業者などは対象外。フリーランスのもえさんのような人は職業訓練を受講しながら「職業訓練受講給付金（月額10万円）」を受け取れる制度もあります。興味があったらぜひ調べてみてください。

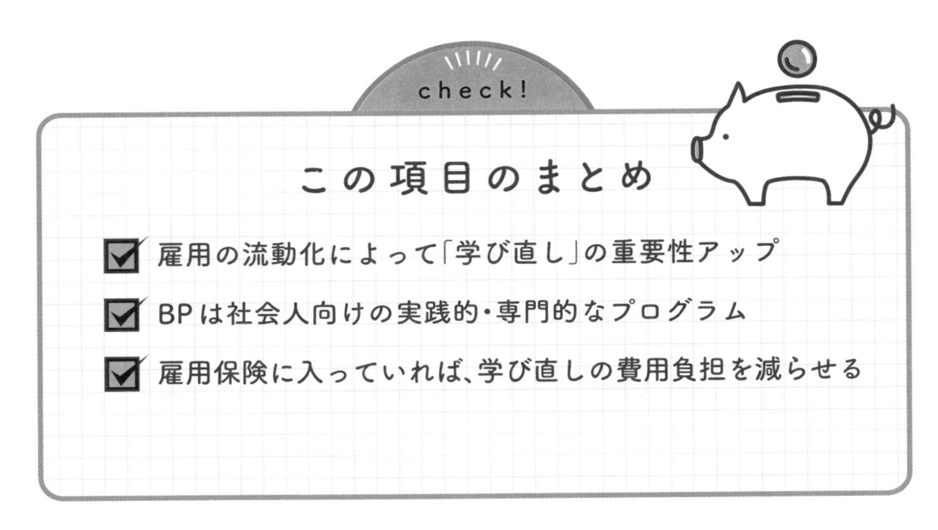

＊給付金の対象となる教育訓練は、レベルに応じて決められている。「教育訓練講座検索システム」で調べることができる

▶たくさん税金を払って損した気分…

Topic 22

税金が戻ってくるチャンスを見逃さないで!

毎年納める所得税。「控除」を利用することで納めるお金を減らしたり、お金が戻ってきたりするかもしれません

もえ

歯の治療のために今年から定期的に歯医者に通い始めて、医療費の出費がかなり増えたんですよね。

みさき

医療費って3割負担だけど、積み重なるとけっこうな金額になりそう。実は私も歯科矯正を始めて、今年の出費は多かったな…。

井戸先生

その出費は戻ってくるかもしれませんよ。おふたりは確定申告をしたことはありますか?

もえ

本当ですか！　私はフリーランスなので毎年必ずしています！

みさき

私は会社員だからしたことがないはず…。年末にいろんな証明書を会社に提出して終わりですね。

井戸先生

そうですね。自営業者は年に1度、自分で所得税額を計算し、確定申告をしますよね。一方、会社員などは毎月のお給料から所得税が天引きされています。実はこの所得税の金額は、勤務先が前年度の所得などをもとに概算で出した金額です。そこで、勤務先は年末に数種類の書類を従業員に記入してもらい、情報を集めて正確な所得税額を算出します。正確な所得税額と、概算で天引きされていた所得税額との差し引き分を調整する作業が「年末調整」というわけです。

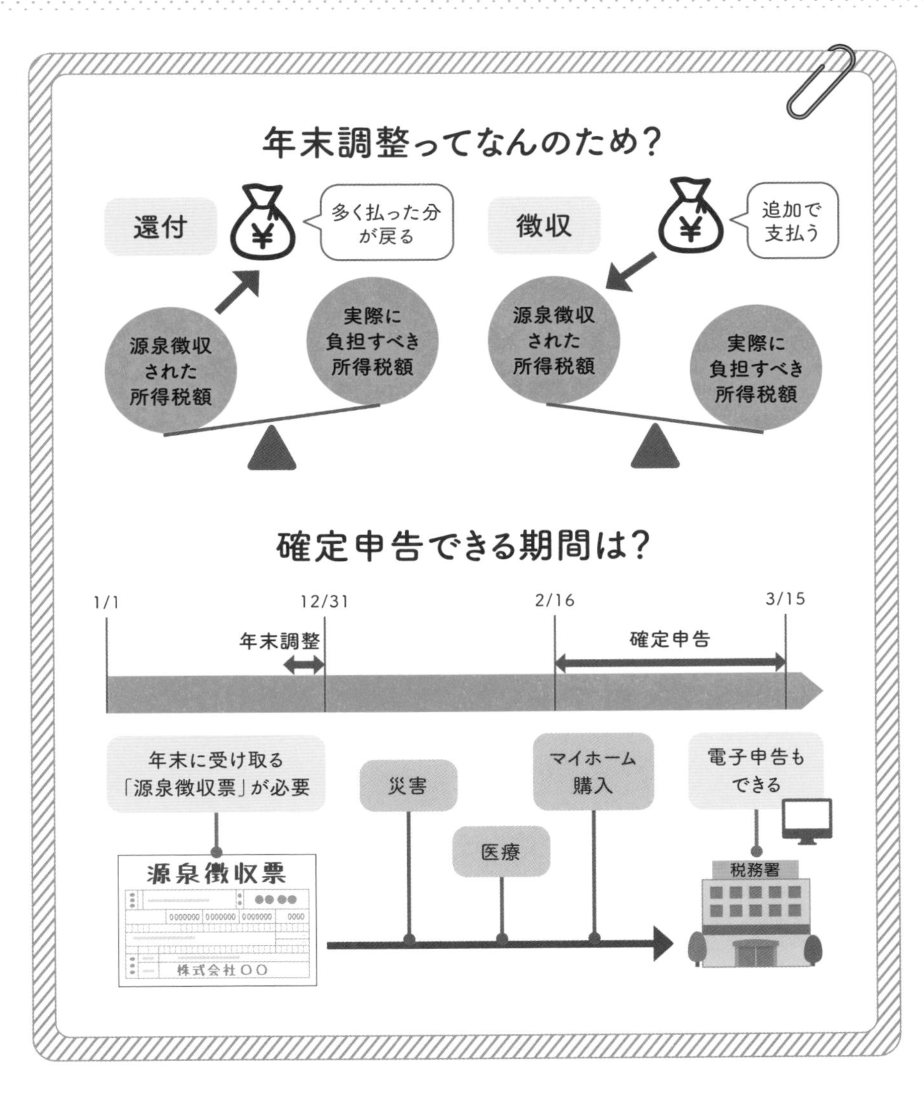

なるほど!

ここで先ほどの話に戻りますが、税金が戻ってくるようにするためには、確定申告をする必要があります。2月16日から3月15日の間に作成した申告書を税務署に提出しましょう。Web上で電子申告することも可能です。

みさき

会社員もあらためて確定申告するってことですね！

井戸先生

おふたりが今回利用するのは「医療費控除」という仕組みです。これは所得控除の１つで、１年間にかかった医療費が10万円（総所得金額などが200万円未満の人は総所得額の５％）を超えた場合に適用されます。納税者本人、生計を共にする配偶者や親族のために支払った医療費が対象となります。

もえ

所得控除ってことは、申告する所得が減って、そこから算出される所得税額も減るっていう理解でいいですか？

井戸先生

その通りです。みさきさんのようにすでに所得税が天引きされている場合は、お金が戻ってきます。ちなみに、皆さんが利用できる所得控除はほかにもありますよ。例えば「寄附金控除」は国や

確定申告でお金が戻ってくるケース

医療費が年間10万円を超えた人	●１年間の医療費（生計を共にする家族の医療費も対象）が10万円を超えた場合（200万円を限度） ●市販されている特定一般用医薬品（OTC医薬品）の購入費が1万2000円を超えた分（上限8万8000円）
寄付をした人	●国や自治体、特定の公益法人などへの寄付をした場合 ●ふるさと納税を行った場合
マイホームを購入・リフォームした人	●住宅の購入や増改築を行った場合
投資で損失が出た人	●個別株や投資信託などの運用で損失が出た場合、翌年以降３年間の運用益から損失分を控除することが可能
災害や盗難に遭った人	●台風などの自然災害や火災・盗難により家財が損害を受けた場合

※年収2000万円超の会社員、副業の所得が20万円を超える人は確定申告をする義務がある

自治体に寄付をした際に利用できます。多くの人が楽しんでいる「ふるさと納税」も寄附金控除の仕組みを使っているんです。

ふるさと納税って所得控除の一種だったんですね！　毎年美味しいものをもらっています！

また、住宅ローンを組んでマイホームを購入、リフォームした場合に、一定の要件を満たすことで所得税や住民税の減税を受けられる「住宅ローン控除」も利用できます。さらに、株式投資額で損をしてしまったときに税金を取り戻す「損益通算」、災害や盗難といった理由で損害を被ったときに利用できる「雑損控除」などもあります。いずれも確定申告を行うことで税の負担を軽くすることができますので、該当することがある場合はしっかりと調べて、漏れのないように手続きをしましょう。

所得税を減額できる制度ってたくさんあるんですね。今年はきちんと勉強してから確定申告します！

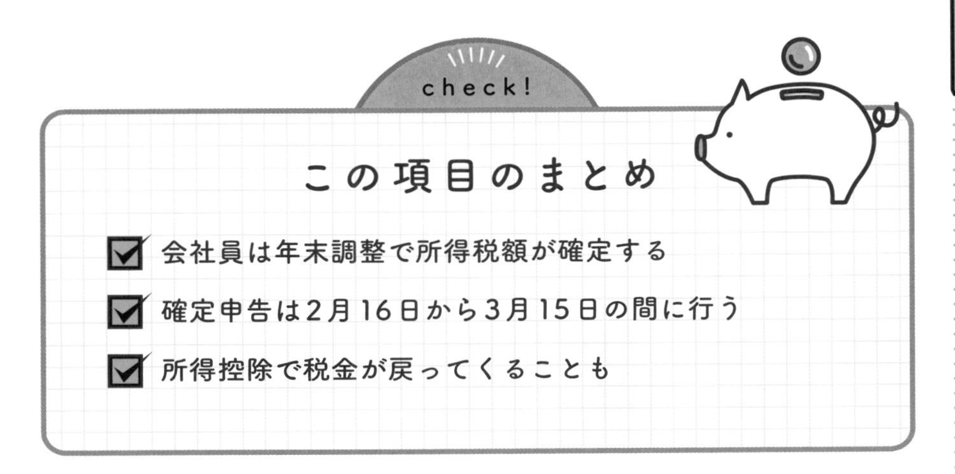

この項目のまとめ

- ☑ 会社員は年末調整で所得税額が確定する
- ☑ 確定申告は2月16日から3月15日の間に行う
- ☑ 所得控除で税金が戻ってくることも

Chapter 5

備える

▶公的年金ってあてになりますか？

Topic 23

公的年金は老後の支え。保険料は絶対払おう！

公的年金は老後を支える大切なお金です。
日本の公的年金制度の構造と
自分がもらえる年金を把握しましょう

井戸先生

おふたりは年金について考えたことがありますか？

みさき

年金かぁ…。まだ先の話な気がしちゃうなぁ。

もえ

私はあります。ニュースでもよく見るし。

井戸先生

そうですよね。最近では、老後の資金不足が社会問題としてよく報道されていますし、若い世代でも老後を不安に感じている人は少なくないと思います。

もえ

公的年金だけでは老後生活はまかなえないという話もよく耳にしますし、年金保険料を支払うくらいなら、その分を貯蓄に回したいくらいです。

井戸先生

たしかに、公的年金だけで老後生活のすべてをまかなうのはなかなか難しいことは事実です。ただ、公的年金が老後生活を支えるうえで重要なお金であることに変わりありませんよ。ですから、年金保険料は必ず支払ってくださいね。そもそも、おふたりは日本の公的年金制度の仕組みについて理解していますか？

みさき

すみません…。正直、わかりません。

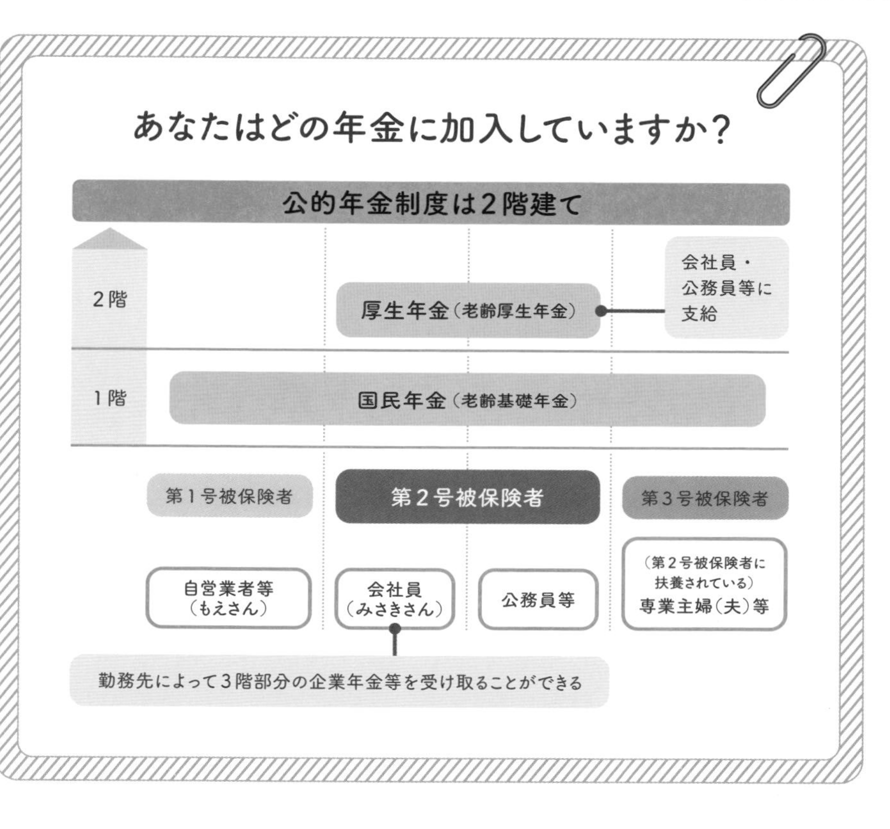

井戸先生

上図の通り、日本の公的年金は、20歳以上60歳未満のすべての人が加入する国民年金（老齢基礎年金）と、会社員・公務員などが加入する厚生年金（老齢厚生年金）の、２階建て構造となっています。例えば、みさきさんは会社員なので、国民年金と厚生年金の２つの年金制度に加入していることになります。

もえ

私のようなフリーランスや自営業者は国民年金のみの加入となるわけですね。

井戸先生

はい。その通りです。

みさき

２つの年金制度に加入しているということは、私はもえよりも多く年金がもらえるということですか？

はい。下の図は、会社員共働き夫婦の年金受給額の一例です。夫も会社員なので、老齢基礎年金と老齢厚生年金を合計して月額18万円の年金を一生涯受け取ることができます。これがもし、

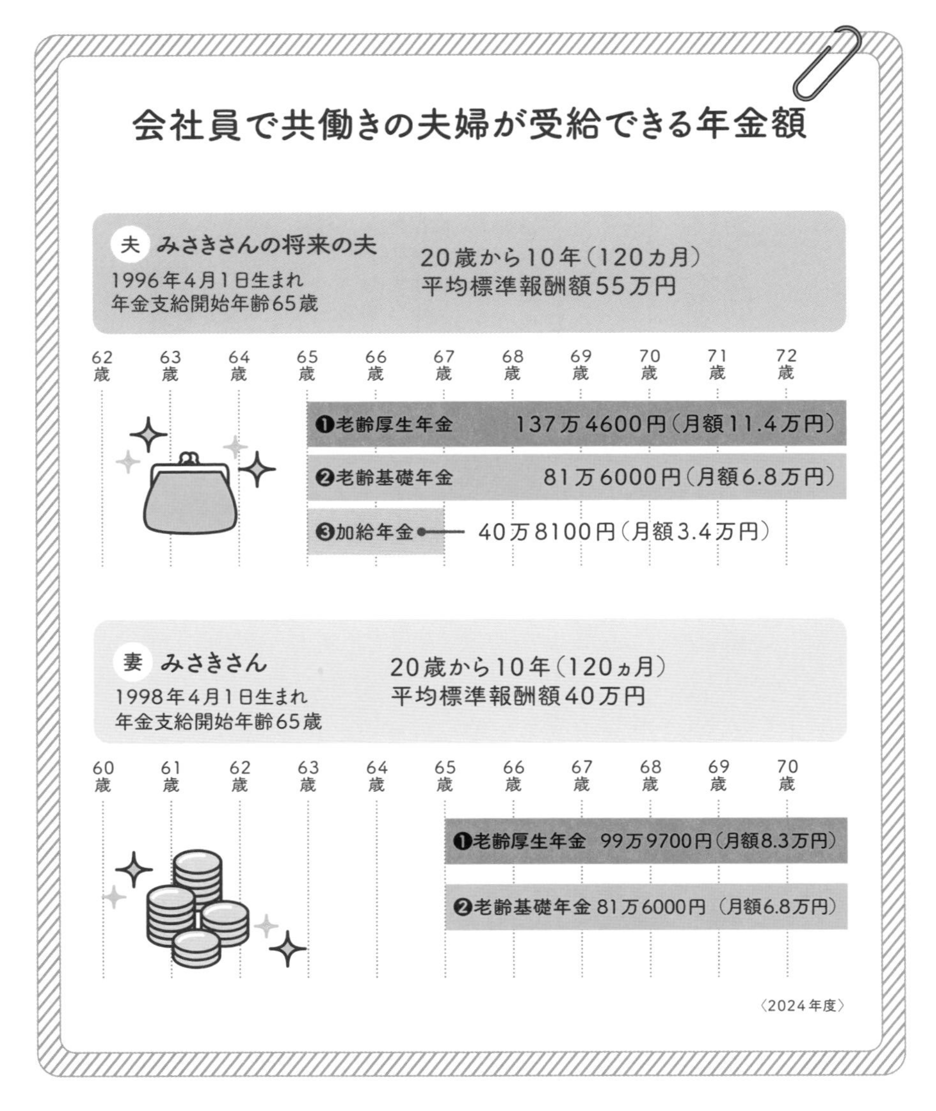

夫がフリーランスや自営業者だったとすると、もらえる年金は老齢基礎年金のみとなり、年金は月額6.8万円です。

もえ

そうなると、夫婦の年金額を合わせても月額13.6万円なので、年金だけではだいぶ生活が苦しくなりますね。

井戸先生

はい。そのため、会社員などと比べて、フリーランスや自営業者の方は、iDeCoや新NISAで「私的年金」を積み立てる重要性がなおさら高くなるわけです。

もえ

自分の年金は自分で作るということですね！

みさき

逆に、この例だと会社員共働きの場合は夫婦で年金が月額33万円ももらえるんですね。意外と公的年金ってすごいんだなぁ…。

井戸先生

そうなんです。ですから、おふたりも不安になりすぎずに、今後も年金保険料を支払い続けてくださいね。

この項目のまとめ

- ☑ 公的年金制度は老後の支え。年金保険料は必ず支払おう
- ☑ 会社員や公務員は2種類の年金を受け取ることができる
- ☑ フリーランスや自営業者が受け取れる年金は1種類のみ
- ☑ フリーランスはiDeCoや新NISAで私的年金を形成しよう

▶生命保険には入ったほうがいいですか？

Topic 24

自分に必要な保障額をざっくり計算してみよう

家庭を持ったら生命保険への加入を検討。まずは、必要な保障額を計算してみましょう

井戸先生

おふたりはまだ独身ですが、結婚して家族ができると、万一の時の生活費や子どもの教育費など、老後資金以外にもお金に関する新たな不安が出てくるはずです。

もえ

たしかに、子どもができたら、自分優先ではいられなくなりますもんね。自分の老後のお金の心配よりも、自分やパートナーが亡くなった場合の残された家族の生活資金や教育費のほうが心配になるかもしれません。

井戸先生

ほかにも、車の盗難に遭う、重い病気になって働けなくなる、家が火事になってしまう…など、不測の事態が起こる可能性はゼロではありません。でも、想定できない出費のために貯蓄をすることはなかなか難しいですよね？

みさき

たしかに、必要になるかどうかわからないお金のために、日々の生活を切り詰めて貯蓄するのは難しいですね。

井戸先生

このような、いつどのくらいの規模で発生するかわからない、予測不能の出費に対しては、民間の保険で備えることがセオリーです。特に、自分やパートナーの死亡時に備えたい場合には、死亡保障のある生命保険への加入を検討する必要があります。

死亡保障の必要額の計算方法

遺族の支出 − 遺族の収入 ＝ 必要保障額

- 遺族の支出
  - □生活費
  - □住居費
  - □教育費
  - □その他の費用
- 遺族の収入
  - □遺族年金
  - □働いた収入
  - □貯蓄
  - □会社の退職金や年金など

でも、生命保険って保険料も高くて、あまりよいイメージがないです…。

たしかに、必要以上の保障額を設定してしまい、毎月高い保険料を支払うことで日々の生活が圧迫されてしまっては元も子もありません。そのため、生命保険に加入する際には、まず必要保障額を計算する必要があります。

どのように計算すればよいのですか？

必要保障額は、上図のように「遺族の支出－遺族の収入」によって計算することができます。
遺族の支出は、現在の家族構成や生活費支出を前提に算出します。生活資金や住宅資金のような毎月の支出に加えて、教育資金のようなまとまった支出も含めたうえで計算しましょう。一方で、遺

族の収入を計算する際には、現在の収入や貯蓄に加えて遺族年金を考える必要があります。

みさき

遺族も年金がもらえるんですか？

井戸先生

はい。遺族年金は公的年金制度の1つです。「遺族基礎年金」と「遺族厚生年金」があり、ぞれぞれの受給額は下表の通りです。必要保障額を計算する際には、この金額を加味するようにしましょう。また、会社員や公務員の配偶者は、その両方を受け取ることができる一方で、フリーランスや自営業者の配偶者は、「遺族厚生年金」を受け取ることができません。そのため、フリーランスや自営業

遺族年金の概要（2024年度）

	遺族基礎年金	遺族厚生年金
支給要件	国民年金の被保険者＊1または老齢基礎年金の受給者または受給権のある人が亡くなったとき	1. 厚生年金の被保険者＊1または受給資格期間が25年以上ある老齢厚生年金の受給者（受給権のある人を含む）が亡くなったとき 2. 1級・2級の障害厚生年金の受給資格者が亡くなったとき
対象者	国民年金に加入している人に生計を維持されていた次の遺族 ❶子のいる配偶者＊2 ❷子＊2	厚生年金に加入している人に生計を維持されていた次の遺族 ❶妻　❷子・孫＊2 ❸55歳以上の夫・父母・祖父母（支給開始は60歳から）
受給額	81万6000円＋子の加算※ ※2人目までは1人あたり23万4800円 3人目以降は1人あたり7万8270円	報酬比例部分の年金額（本来支給される老齢厚生年金）× 3/4

＊1　保険料納付済期間が加入期間の3分の2以上であること。ただし2026年4月1日より前に65歳未満で亡くなった人の場合は、死亡日の属する月の前々月までの1年間に保険料の未納がなければ受けられる

＊2　この場合の「子」は18歳未満、または20歳未満で障害等級1・2級

者の家庭は会社員や公務員の家庭と比べて、必要保障額の設定を高くしたほうがよいでしょう。

もえ

遺族年金のほかに障害年金もありましたよね？

井戸先生

障害年金は、公的年金制度に加入している人が、障害により日常生活を送ることが難しく、支援が必要な場合に受け取ることができます。「障害基礎年金」と「障害厚生年金」があり、障害状態によって受給できる額が変わってきます。

みさき

働けなくなった場合でも障害年金があれば安心ですね！

井戸先生

ただし、フリーランスや自営業者の場合は「障害厚生年金」を受け取ることができず、「障害基礎年金」のみなので、受け取ることのできる金額は少なくなります。そのため、フリーランスであるもえさんは、民間の就業不能保険などに加入して、不足分を補てんすることも考えてみましょう。

もえ

わかりました！

check!

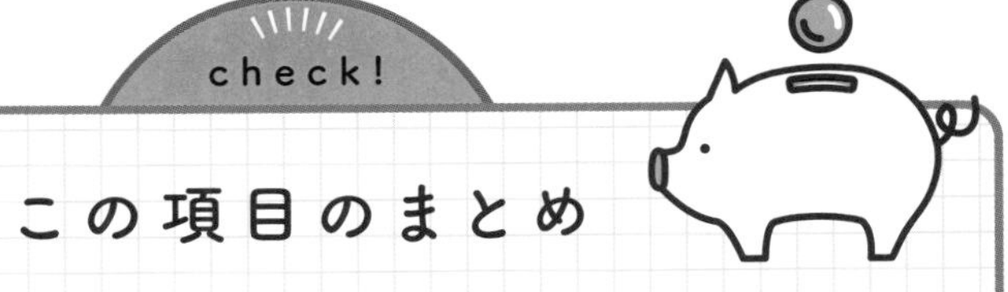

この項目のまとめ

- ☑ 生命保険への加入前に、まずは必要保障額を計算しよう
- ☑ 遺族年金には「遺族基礎年金」と「遺族厚生年金」がある
- ☑ 自営業者などの配偶者は遺族厚生年金を受け取れない
- ☑ 障害を負った場合には障害年金を受け取ることができる

▶民間の医療保険には入ったほうがいい？

Topic 25

20万円確保しておけば、公的医療保険だけで大丈夫

病気やケガで入院した際、
公的医療保険ではまかなえない費用も。
医療保険の必要性について解説します

もえ

つい先日、手術を受けた友人がいるんですが、入院期間が意外と長引いたらしく…。民間の医療保険に加入していなかったので、予想外の出費だったと言っていました。医療保険には加入したほうがいいんでしょうか。

井戸先生

生命保険文化センターの調査によると、直近の入院時の１日あたりの自己負担費用の平均は約２万1000円となっています（2022年度調査）。１週間の入院で15万円近くの出費が発生するわけですから、充分な貯蓄がない場合には、万一の事態に備えるためにも民間の医療保険への加入が必要かもしれません。

みさき

でも、医療費って原則として自己負担は３割なんですよね？それに、医療費が高額になった場合には、高額療養費制度を利用することで、上限額を超えた分について払い戻しを受けることができるって、先生の説明もありましたよね。

井戸先生

たしかに、医療費の大部分は公的医療保険が負担してくれますが、入院時の食事代や差額ベッド代などは公的医療保険の対象外で全額自己負担となります。そのため、通常の大部屋ではなく、条件のよい個室などを希望した場合には、１週間程度の入院でもなかなかの出費となってしまうわけです。

保険では、まかなえない費用がある

診療費・医薬品費

公的医療保険が大部分を負担 ／ 自己負担分

Ⓐ一定割合の自己負担

Ⓑ高額療養費（一定上限額を超えたときに支給）

その他費用

Ⓒ入院時の食事代等の一部負担

Ⓓ差額ベッド代
個室や少人数の病室を選んだ際の料金

Ⓔ公的医療保険対象外の特殊な医療費
先進医療を受けた際の自己負担等

Ⓕその他の雑費
交通費や入院に際しての日用品代、快気祝い等

公的医療保険対象外のものは全額自己負担に

みさき

そうだったんですね…。

井戸先生

また、例えばがんにかかってしまった場合、治療にかかる費用のほかに、ウィッグ代や下着代など公的医療保険の対象外の支出も多く、経済的な負担が大きくなってしまうことが考えられます。

もえ

となると、やっぱり民間の医療保険への加入は必須なんですか？

井戸先生

必須というわけではありません。もえさんのように日頃から貯蓄をして、万一の事態にも対応できる蓄えがある人であれば、民間の医療保険に加入しないという選択も充分に考えられます。医療のためにとりあえず20万円くらい確保しておけばOKでしょう。

民間の医療保険で受け取れるお金

	種類	内容
主契約	入院給付金	病気やケガで入院した際に支払われる給付金。「入院1日あたり○○円」という入院日額タイプと、「入院1回あたり○○円」という一時金タイプがある。近年は、入院日数の短期化が進み、一時金タイプの保険も多い
	手術給付金	契約内容によって定められた病気やケガの手術を受ける際に支払われる給付金。所定の手術をした際、「1回につき○○円」、あるいは「入院日額の○倍」といった形で給付金が支払われる
特約	通院給付金	所定の条件を満たす通院を行った際に支払われる
	先進医療給付金	一般的には高額になりがちな先進医療を受けた際に、所定の要件を満たした場合、自己負担した先進医療にかかる技術料と同額が支払われる
	診断一時金	がんなど、所定の病気と診断され、給付要件を満たした場合に支払われる
	お祝い金	お祝い金などの名目で、一定期間給付金を受け取る事由が発生しなかった場合に支払われる

なるほど。

ただ、もえさんがこれから結婚して出産することも考えているなら、事前に民間の医療保険に入っておくのもありですよ。妊娠中や出産時には想定外の医療費が発生することも考えられます。不測の事態への備えとして、今のうちから加入しておくのも有効です。

私はそもそも貯蓄がほとんどないのですが…。

みさきさんのように貯蓄がほとんどない人は、それこそ肺炎や骨折などで数日入院しただけでも、金銭的に大きなダメージを受け

る可能性があります。民間の医療保険に加入しておいてもいいでしょう。貯蓄のペースアップも忘れずに！

もえ

民間の医療保険の保障内容についても教えてもらいたいです。

井戸先生

民間の医療保険では、病気やケガで入院した場合の「入院給付金」と所定の手術を受けた場合の「手術給付金」が主契約となり、この主契約に特約として「通院給付金」や「先進医療給付金」、「診断一時金」などを付ける形が主流です。

みさき

主契約に特約を付けて保障を強化するんですね。

井戸先生

その通りです。また、民間の医療保険では「24時間電話健康相談」や「セカンドオピニオンサービス」など、保障以外の付帯サービスが利用できるのもメリットといえます。

この項目のまとめ

- ☑ 入院時の食事代や差額ベッド代などは公的医療保険の対象外。個室などを希望した場合の入院はお金がかかる
- ☑ 充分な貯蓄があるなら、民間の医療保険に加入しない選択もあり

Chapter

6

将来を考える

▶20～30代は人生の激動期

Topic 26

将来の不安がなくなる「お金のTO DOリスト」

人生100年時代をお金の心配なく
楽しみたいもの。お金を増やすために
やるべきことを20代からこなしていきましょう

井戸先生

おふたりとも25歳でしたね。結婚も視野に入る年齢ですけれど、将来について考えていますか？

みさき

結婚はしたいし、子どもも欲しいと思っています。

もえ

私も「いつまでに」というのはないですが、いつかは結婚も出産もして、仕事もずっと続けていきたいと思っています。

井戸先生

女性のほうが、結婚、出産、子育てでキャリアが中断される可能性はありますが、ぜひ仕事は続けてほしいですね。夫婦２人で働くことで収入が増えて生活も安定しますし、将来受け取れる年金の額も上がります。

みさき

今は「ワーママ」という言葉もありますし、共働きは当たり前になっていますよね。

井戸先生

20～30代は結婚・出産で女性の人生は大きく変化する年代ですね。さまざまな選択をしなければいけませんし、いろいろな迷いも出てくることでしょう。ですが、未来の自分がハッピーでいるためには、やはり「お金」は重要です。

私の人生、何を選択する?

結婚する?
しない?

結婚する

何歳で結婚するかによってもマネープランは大きく変わる。共働きのダブルインカムを前提に考えたい

シングル

一生シングルで過ごすのも人生の選択肢だが、シングルライフをずっと送るなら、しっかりお金を貯めておきたい

子どもは
どうする?

子育て

子どもの成長を見守ることは楽しいことだが、お金の対策もしっかりと。高校と大学の7年で学費は約1000万円

つくらない

子育てのための費用がかからない分、目の前の生活のゆとりにお金を回しがち。老後のゆとりも作れるようしっかり貯金しておく

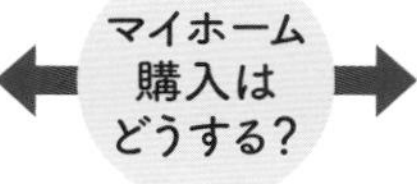

住宅ローン

家を購入する場合ローンで借り入れ数十年かけて返済するのが一般的。手頃な物件を見つけ、無理のない返済プランを考える

賃貸派

住み替えを繰り返せるメリットはあるが老後の住まいの確保が課題。親の家に住んだり、いずれは戻ると親やパートナーと決めておくのもアリ

みさき

お金の心配ばかりしていては人生がつまらないですよね!

井戸先生

本当にその通りですね。人生を楽しんで過ごすためにも早いうちから今後のお金について意識していきましょう。ライフイベントを意識しながらお金を増やすために20 ~ 30代がやるべき「TO DOリスト」を次ページで紹介しています。

もえ

人生100年時代で寿命が長くなる分、お金の準備は必要不可欠ですよね。

お金を増やすために20代・30代でやっておきたいこと

20代

- ☑給与明細をよく見て、毎月の収入、払っている税金・社会保険料を把握する
- ☑出るお金・入るお金を把握する
- ☑積立定期や新NISAを始める
  給与振込口座からの天引きがベスト!
- ☑資格の取得を考えてみる
- ☑貯蓄が少ない場合は民間の医療保険に加入する
  死亡保障の生命保険はまだ必要なし

30代

- ☑ライフプランが見えてきたらiDeCoも検討
- ☑「ねんきん定期便」や「公的年金シミュレーター」で調べてみる
  将来受け取る年金はいくら?
- ☑キャリアのプランを立て、必要資金を計算してみる
- ☑子どもができたら、教育費の予算を組む
- ☑子どもができたら、掛け捨て型の死亡保障のある保険に加入
  女性こそ大事!

20代は社会人としての基礎力を身につける時期です。自分の収入がいくらあり、税金や社会保険料がいくら引かれているか、手取り収入は何に使っているかなど、お金の流れと仕組みの把握は必ずしてほしいですね。

私はできていないことが多いので頑張ります！

続いて30代は、結婚・出産・マイホーム購入などライフステージが変化する可能性が高い時期。お金の管理もできるようになっているはずです。将来を見据えたキャリアプランを立てつつ、「ねんきん定期便」などをチェックして老後のお金まで戦略を練ってほしいです。20～30代は変化の大きな時期ですが、これらのTO DOをこなし、将来への見通しを立てておけば安心ですよ。

これからどんな人生を送りたいかをイメージして、将来への心づもりをすることは大切ですね！

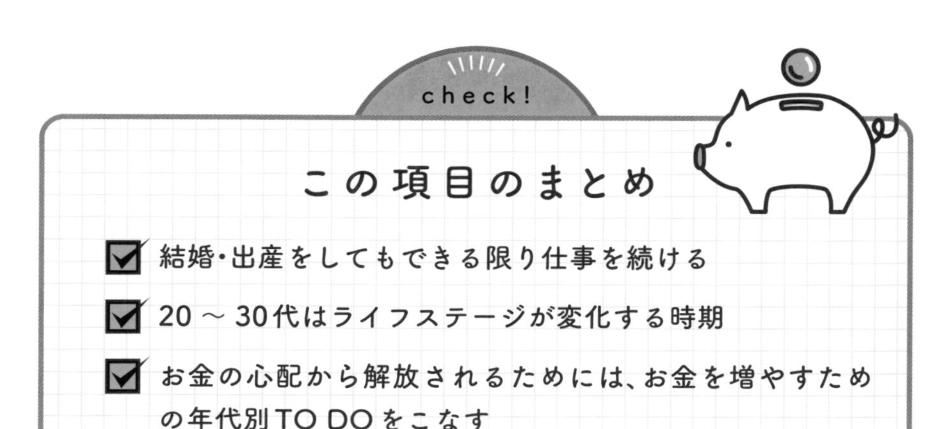

この項目のまとめ

- ☑ 結婚・出産をしてもできる限り仕事を続ける
- ☑ 20 ～ 30代はライフステージが変化する時期
- ☑ お金の心配から解放されるためには、お金を増やすための年代別TO DOをこなす

Topic

27

▶結婚前でも同棲したほうがいい？

とりあえず一緒に暮らしてみるとメリットたくさん

将来を考えられるパートナーに出会ったら
一緒に暮らして生活費を節約してみては?
浮いたお金を結婚資金として貯めましょう

井戸先生

おふたりは、結婚したいと考えているお相手がいるのかしら？

みさき

お付き合いしている彼が年下でまだ経済力がないので、結婚する自信がないみたいです。私はお金がなくても大丈夫、なんとかなる、って言っているんですけど…。

もえ

私も今の彼と結婚したいとは思っていますが、やっぱりお金のことが不安です。彼は一人暮らしをしているのですが「お金がない」って、いつもぼやいています。

井戸先生

おふたりともお金のやりくりが心配で結婚に踏み切れない、というわけですね。では、とりあえず試しに彼と一緒に暮らしてみるのもいいかもしれません。一緒に暮らすほうが効率的で生活費も安上がりになることが多いですよ。

みさき

えっ、そうなんですか？

井戸先生

みさきさんももえさんも収入のある社会人なのだから、彼とは同等の立場です。社会人同士であれば生活費を折半できますし、一緒に暮らすメリットはたくさんありますよ。

2人で暮らすといくらかかる？

2人別々で暮らすと

彼

家賃	6万円
食費	3万円
雑費	5万円
デート代	2万円
その他	4万円
合計	20万円

彼女

家賃	7万円
食費	3万円
雑費	5万円
デート代	2万円
その他	5万円
合計	22万円

合計42万円

2人一緒に暮らすと

家賃	10万円
食費	5万円
雑費	5万円
デート代	1万円
その他	3万円
合計	24万円

合計24万円

1人あたりの生活費は12万円に抑えられる

なるほど。家賃も食費も２人で出し合うわけだから、１人あたりの生活費が抑えられるということですね。

その通り。例えば、１人なら家賃６万円、７万円のワンルーム暮らしだとしても、２人なら家賃10万円の１LDKに暮らせるでしょ。もえさんの場合、仕事場のスペースが確保できそうですね。

そうですね、２人なら家賃の予算もアップできるし、思ったより広い部屋に住めそうです！

水道光熱費や食費を折半することで、１人あたりの生活費を半分近くまで減らすこともできそう。それに、一緒に暮らしているので外食の機会も減ってデート代もかなり節約になるはずですよ。

一人暮らしよりうまく節約できそうですね！

浮いたお金で結婚資金も貯めやすくなりますよね。何より２人で過ごす時間が増えるので、将来の夢や計画を話し合うことで、

結婚が決まったら用意できるお金を書き出してみよう

結婚が決まった時点で使えるお金

私の貯蓄額　　円

彼の貯蓄額　　円

A 合計　　円

これから貯蓄できるお金

私が月々貯められるお金　　円

彼が月々貯められるお金　　円

× 挙式まで　　カ月 ＝　　円 ＋ ボーナスからの貯蓄　　円　　円

B 合計　　円

親に援助してもらえるお金

私側の援助額　　円

彼側の援助額　　円

C 合計　　円

ゲストからもらえるご祝儀

親族からのご祝儀（平均6.5万円）　1人あたり　　円 ×　　人

上司からのご祝儀（平均3.9万円）　1人あたり　　円 ×　　人

友人からのご祝儀（平均3万円）　1人あたり　　円 ×　　人

D 合計　　円

結婚に使えるお金　A+B+C+D=　合計　　円

結婚に向けた準備も進めやすくなるのではないでしょうか。

もえ

結婚資金はどれくらい用意すればいいでしょうか？ 何にいくらかかるのか、さっぱり見当もつかないです。

井戸先生

2023年の調査*によれば、結婚資金のうち最も費用がかかる挙式、披露宴、パーティーの総額平均は327.1万円だそうです。

みさき

うわ、結婚資金を貯めるのに何年もかかりそう…。

井戸先生

これはあくまで平均値。お金をかけずとも工夫次第で素敵な式が可能だし、何より身の丈に合った予算でするのが基本です。それに結婚式には「入ってくるお金」もあるので、思ったより自己負担は少なくて済むはずです。

もえ

親の援助やご祝儀もあてにしていいんですね！

井戸先生

もちろん。まずは自分たちに見合った結婚式の総額を決めます。そこから２人の貯蓄額、親からの援助金、ご祝儀の額を差し引いて、足りない分を結婚資金として貯めればいいのです。

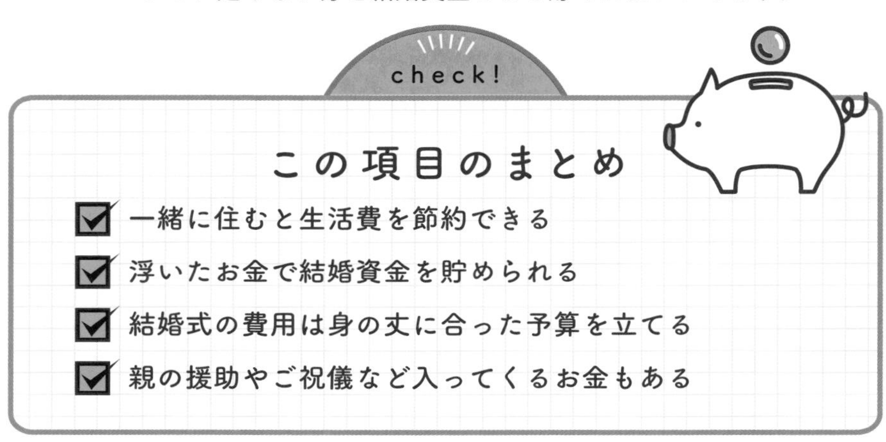

＊ゼクシィ結婚トレンド調査2023より

▶一緒に暮らすならお財布も一緒にするの?

Topic 28

2人の「お金のルール」を決めよう

結婚は未来を共有することです。収入や貯蓄、ローンの有無などの情報を伝え合い、共同作業でお金を管理します

もえ

一緒に暮らし始めると、お互いの価値観や生活習慣の違いが気になりそう。ちょっと心配です…。

井戸先生

それまで違う人生を歩んできた他人同士が一緒に生活するのだから当然。互いに認め合う気持ちが大切ですね。さらに結婚となれば、それ以上に問題となるのが「お金のルール」です。

もえ

夫婦になるとお財布も一緒になるんですよね?

井戸先生

収入のすべてをまとめるのは少数派ですね。毎月決まった額を生活費として持ち寄り、そのお金で生活する「持ち寄り派」と、住居費と水道光熱費は夫、食費と雑費は妻といった形で、費目ごとに担当する「分担派」の2つが最近の主流です。

みさき

「分担派」はお財布が別なんですね。自分のお金は自由に使いたいので私は「分担派」がいいです!

井戸先生

「分担派」は自由度が高い分、貯蓄が増えにくいというデメリットも。子育てやマイホーム購入など、将来に備えてしっかり貯蓄するためには「持ち寄り派」がおすすめです。

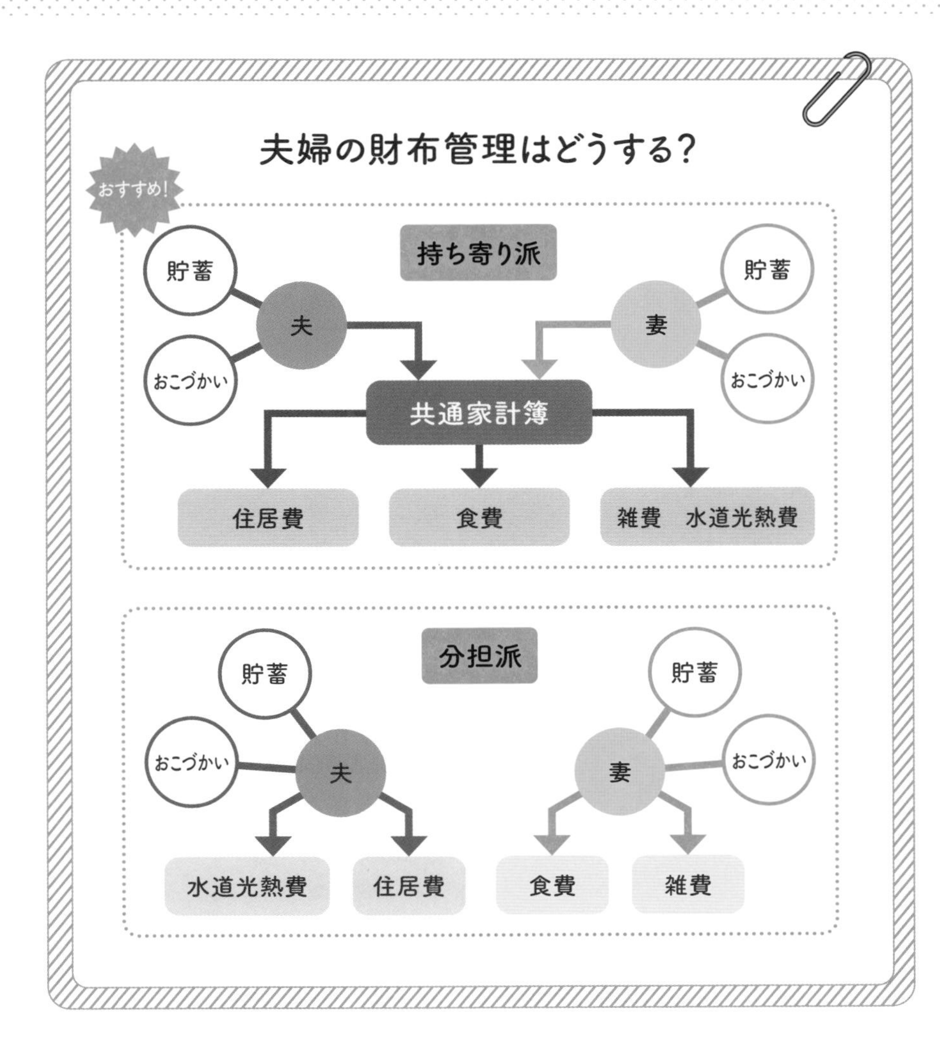

もえ

生活費の口座を作って、そのなかで夫婦の貯蓄をすればいいんですか？

井戸先生

給与から天引きするなどして、夫も妻も自分名義で貯蓄するのが基本。１つの口座で貯蓄すると片方の名義の財産になってしまうので注意して。家計費の口座には、自分の貯蓄額とこづかいを差し引いて、生活費として使う分だけを入れます。家計費の負担割合や貯蓄額は、それぞれの収入に応じて決めましょう。

2人の入るお金・出るお金、貯蓄と借金をきちんと情報共有しよう

	妻（私）	夫（彼）
月収（額面）	円	円
ボーナス	円	円
貯蓄	円	円
借金（ローン、奨学金）	円	円
保険（生命保険、医療保険など）	円	円

奨学金は早めに返さないと損！

例えば、

彼の240万円の奨学金、どうする？　毎月の返済額*　1万4442円（15年返済）

＊日本学生支援機構第二種奨学金の場合

返済し始めて8年後の30歳のときに、20回分（約30万円）繰り上げ返済した場合

返済期間を1年8カ月分、短縮できる

もえ

そういえば、彼にどのくらいの収入があるのかを知らないんです。確認しないといけませんか？

井戸先生

収入額だけじゃなく、貯蓄額や保険の有無、ローンの返済などもあれば知っておくべきですね。結婚が決まったら、お互いのお金について情報共有する必要がありますね。

ローンといえば、彼は奨学金を利用したって言っていたような…。返済が終わるのを待ったほうがいいでしょうか？

奨学金を利用しているなら、なおのこと収支情報を共有するべきですね。結婚すれば生活費を節約できるので、浮いたお金で繰り上げ返済するといいですよ。

なるほど！　結婚したほうが効率よく返済できるのかもしれません。彼と話し合ってみようかな！

お金の情報を伝え合うのが大切なのはわかりましたが、それでも抵抗感が…。うまく話を切り出すコツはありますか？

結婚とは未来を共有することですから、「子どもは何人欲しい」や「マイホームはいつ購入するか」など、将来の夢や目標を語り合うなかでお金の話題を切り出すのが自然だと思いますよ。

なるほど、お金の管理も夢を叶えるための共同作業だと思えばいいんですね！

この項目のまとめ

- 結婚に際しては「お金のルール」を決める
- 夫婦のお金の管理は「持ち寄り派」と「分担派」が主流

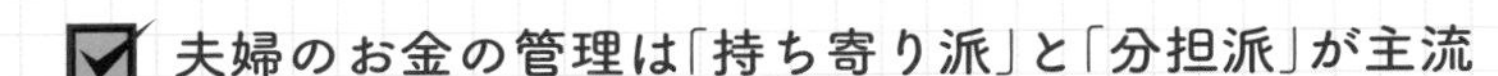

- 貯蓄を増やすなら「持ち寄り派」がよい
- 結婚前にお金の情報を共有しておく

▶やっぱり気になる、子育てのお金

Topic 29

出産・育児の費用は公的支援でカバーできる

出産と育児は手厚い公的支援でカバー。子どもが生まれたらすぐに教育資金の積立を始めましょう

もえ

私は将来、結婚して子どもも欲しいと思っているのですが、やっぱりお金がかかるだろうな…と悩んでいます。何かいいアドバイスはありませんか？

井戸先生

近頃は、出産や子育てにはお金がかかるというイメージを多くの人が抱いていますね。たしかに妊娠や出産にかかる費用は治療が必要な場合を除いて公的医療康保険の対象外となり、原則自己負担です。ですが、出産や子育て関連の公的支援はとても充実しているのも事実です。もえさんが思っているより費用負担は軽く済むかもしれませんよ。

もえ

そうなんですか！　詳しく教えてください！

井戸先生

まず、出産時に利用できるお金が「出産育児一時金」です。出産育児一時金は、1児の出産につき50万円が支給されます。2021年度の出産費用の平均額は約53万8000円なので、そのほとんどをこの一時金でまかなうことができますね。ちなみに、双子の場合だと金額は2倍になります。

みさき

出産育児一時金は誰でももらえるんですか？

出産＆妊娠でもらえるお金の例

病院に直接支払ってもらう
「出産育児一時金」

50万円
（子ども１人につき）

どんな制度なの？

平均約53万円かかる出産費用を補助してくれる制度。出産１人につき50万円支給

もらえる人は？

健康保険や国民健康保険に加入し、妊娠４カ月（85日）以上になってから出産した人が対象

申請する時期は？

「直接支払制度」利用なら、病院との契約書の取り交わしでOK。直接支払制度を利用せず、「産後申請」を利用する場合は、必要書類を揃えて

いくらもらえるの？

１人につき50万円もらえる。双子の場合は×２

住む地域によって違う
「妊婦健診費の助成」

原則
14回分
助成

どんな制度なの？

健診費の一部または全額を助成する制度。基本14回分をなんらかの形で助成する。自治体によって異なる

もらえる人は？

各市区町村に住民票のある妊婦が対象。自治体が指定した（原則、自治体内に住所のある医療機関の場合が多い）医療機関で健診を受けた場合

申請する時期は？

妊娠届を提出して、母子健康手帳をもらう際に健診の受診票を受け取ることがほとんど

いくらもらえるの？

自治体によって異なる。東京都板橋区の場合、初回1万880円×１回、２回目以降5090円×13回、妊婦超音波検査5300円×１回。神奈川県横浜市の場合、14枚の補助券（多胎妊娠の場合、14枚の補助券に加えて4700円×４枚、１万2000円×１枚）

井戸先生

健康保険や国民健康保険に加入していること、もしくはその扶養家族であることが条件となります。加えて、妊娠４カ月（85日）以上で出産した人が対象となります。手続きは産前に医療機関で申請を行う「直接支払制度」が一般的です。

もえ

なにかと出費がかさむ出産期に50万円もらえるのはとても助かりますね。そのほかにも支援があるんでしょうか。

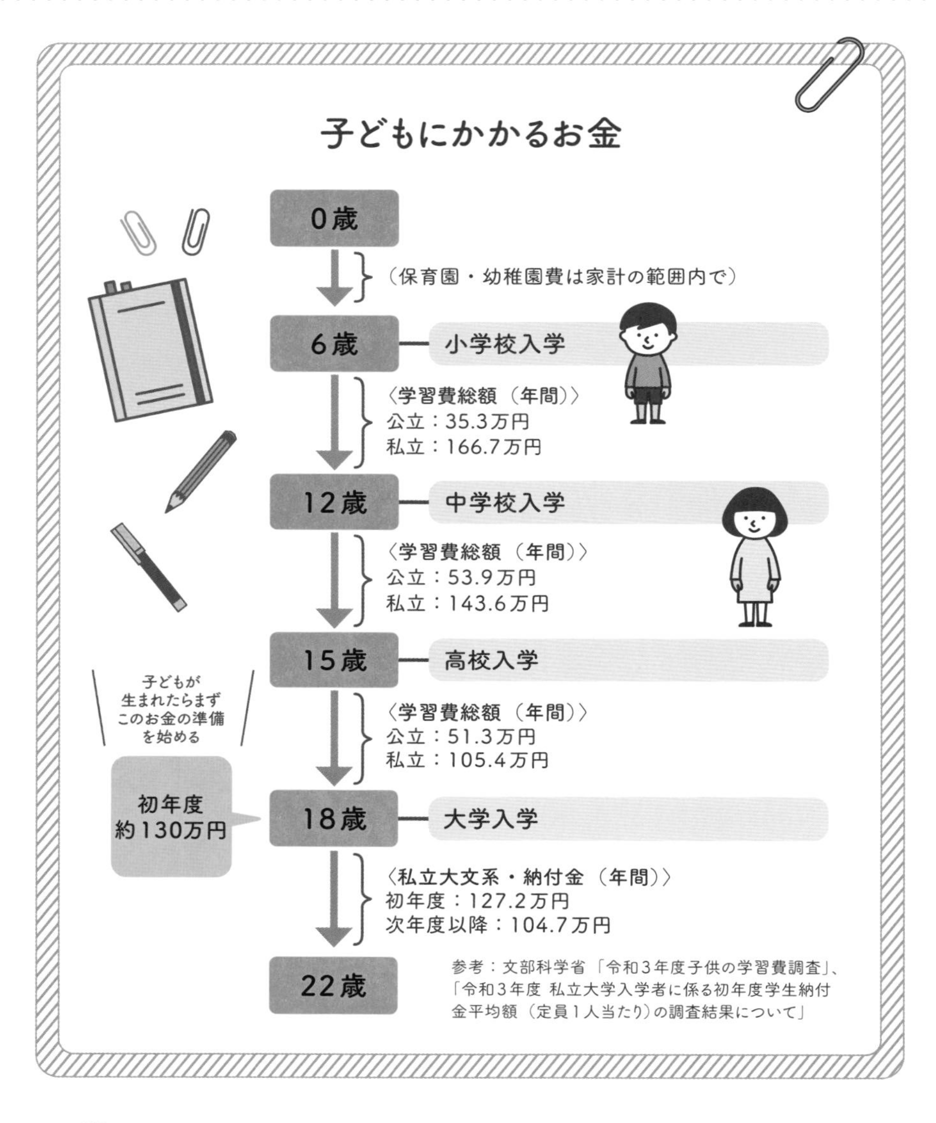

井戸先生

妊娠中期には「妊婦健診費の助成」を利用できますよ。妊娠中は健診を受けるために通常14回ほど病院に通うことになります。この14回分の健診費の一部または全額を、自治体が補助してくれます。ちなみに金額は市町村によって異なります。

みさき

これも利用するための条件はありますか？

助成は住民票のある自治体で行われるため、自治体指定の医療機関で健診を受けることが条件です。里帰り出産だと補助券を利用できない場合も。その際はいったん全額を支払い、後日領収書を持って住んでいる自治体の窓口で払い戻しの申請をします。

妊娠・出産期にこんな支援が受けられるんですね！

さらに、2023年からはベビーグッズの購入などに使える10万円相当のクーポンギフトが支給されるようになりました。

でも、お金が本格的にかかるのはその後の子育て期なんじゃないでしょうか…。

たしかに出産・育児にかかるお金は公的支援でかなりカバーできますが、その先の教育費については計画が必要です。

１人あたり1000万円と聞いたことがありますけど。

教育費は進路によって大きく変わります。幼稚園から大学まですべて公立なら約800万円、私立の場合は2000万円くらいなので、大きな差があります。高校までは、公立の学校を選べばある程度は費用を抑えられますが、お金がかかるのが大学です。身の丈に合った計画を立てて、子どもが生まれたらすぐに貯蓄を始めましょう。時間をかけて積み立てることが大切ですよ！

教育費はどうやって貯めたらいいんですか？

昔は、学資保険が人気でした。長期間コツコツと保険料を支払い、満期にまとまった額の満期保険金を受け取れる仕組みです。返戻率が低下して、かつてほど元本が増えなくなりましたが、万一満期前に親（契約者）が亡くなった場合などに以降の保険料の払い

込みが免除になり、満期保険金を受け取れる保険の機能がある点はメリットです。長期で積み立てていくなら、NISAを使うのもいいですよ。その場合は、途中で取り崩さないことが大事です。また、万一のために、掛け捨ての生命保険で、親の死亡保障を厚くしておきましょう。

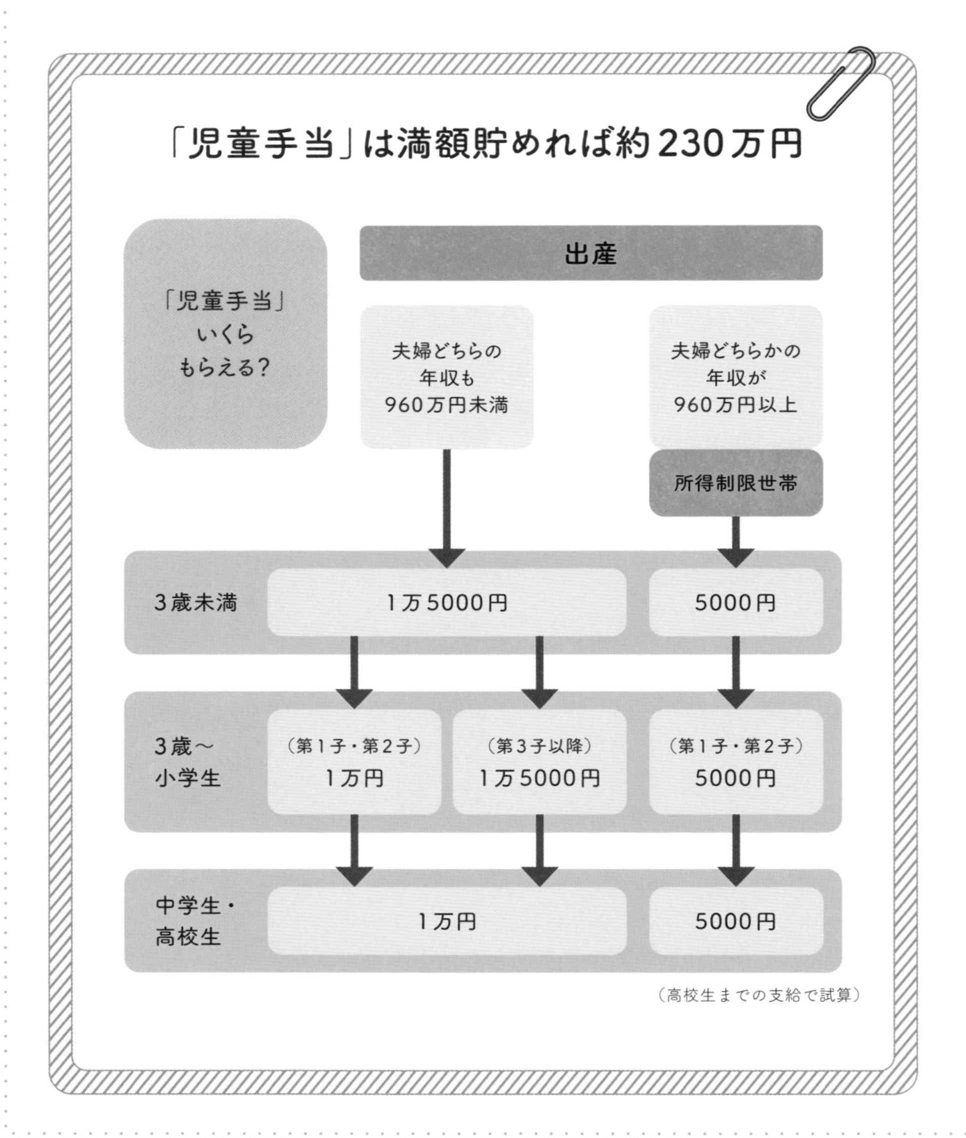

もえ

あと、私の友人は「児童手当」を使わずに全額貯めていると言っていました。

井戸先生

そうですね！　まずは「児童手当」は、大学入学時のために全額貯蓄するのが鉄則です。定期預金をメインにし、NISAにも分けて貯めていくといいでしょう。児童手当は0歳から中学校卒業までの子どもを育てている世帯を対象に給付されます。給付額は０～３歳の子ども１人につき月１万5000円、３歳以上は原則１万円（小学校修了前は第３子以降１万5000円）です。

もえ

18年間で約230万円もらえる計算ですね！

井戸先生

ただし、児童手当には所得制限があり、夫婦どちらかの年収が960万円以上の世帯は減額されてしまいます。もらえる金額を左ページのチャートで確認してみましょう。なお、この児童手当は2024年10月から拡充されることが発表されています。支給期間が高校生まで延長し、所得制限が撤廃、第３子以降の子どもへの支給が大幅増額される予定です。

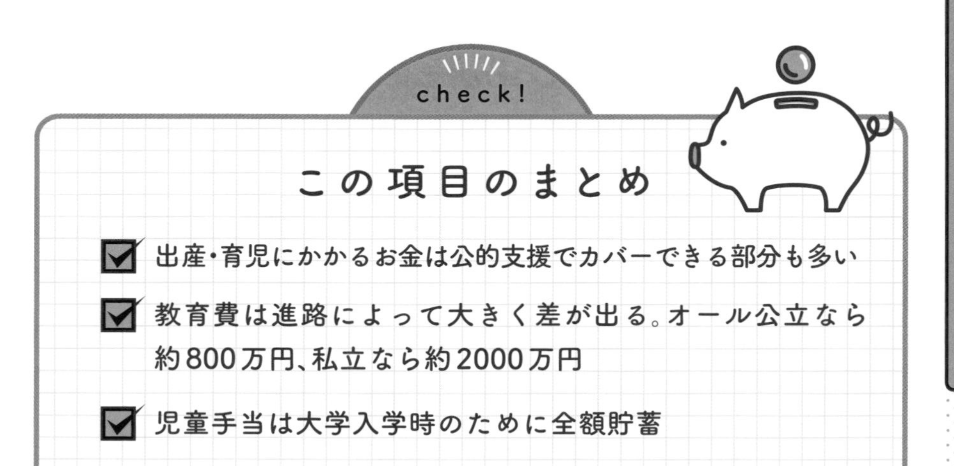

この項目のまとめ

- 出産・育児にかかるお金は公的支援でカバーできる部分も多い
- 教育費は進路によって大きく差が出る。オール公立なら約800万円、私立なら約2000万円
- 児童手当は大学入学時のために全額貯蓄

Topic 30

▶会社員なら産休・育休の手当も手厚い!

制度を賢く使って、これからはパパも育休!

会社員などの場合、産休・育休の期間中、収入保障の手厚い制度があります。制度を理解し、賢く活用しましょう

みさき

さまざまな子育て支援があることがわかり、少し安心しました！ちなみに、会社員の私の場合、産休・育休期間中はパートナーの収入だけになってしまうんでしょうか？

井戸先生

産休期間中にお給料が出ないといった場合、健康保険（被用者保険）から「出産手当金」が支給されます。１日の支給額は月給日額の３分の２相当。産前産後の合計98日間支給されますよ。

みさき

結構もらえるんですね、助かります！

井戸先生

会社員が育休期間に入ると、子どもが１歳になるまでの間「育児休業給付金」ももらえます。育休開始から180日目までは休業開始時賃金の67%、181日目以降は50%が支給されます。ちなみに、育休は男性も取れるので、パパにも子育てに参加してもらいましょう。「パパ・ママ育休プラス制度」といって、夫婦で育休を取る場合、１歳２カ月まで支給期間が延長される仕組みもあります。手当金・給付金には税金がかからないので、手取額は２割減ぐらいにとどまります。

みさき

パパに育児参加してもらうとお得なんですね！

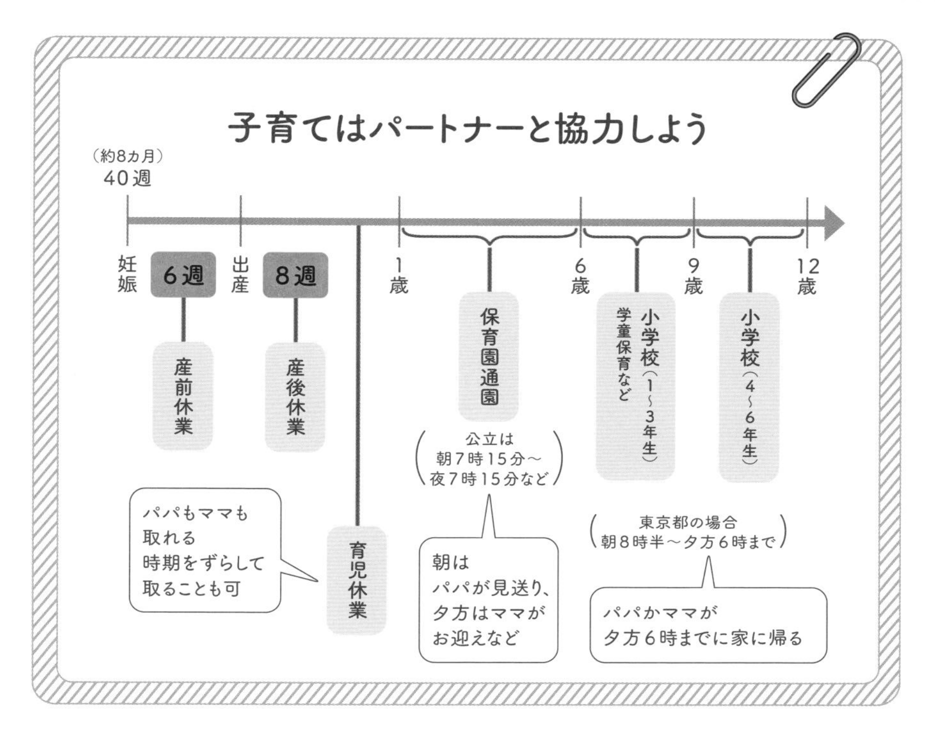

ただし、今紹介した出産手当金や育児休業給付金は会社員を対象とした制度。もえさんのようにフリーランスの人は対象外なので、自治体の支援制度なども活用した自分なりの備えが必要ですよ。

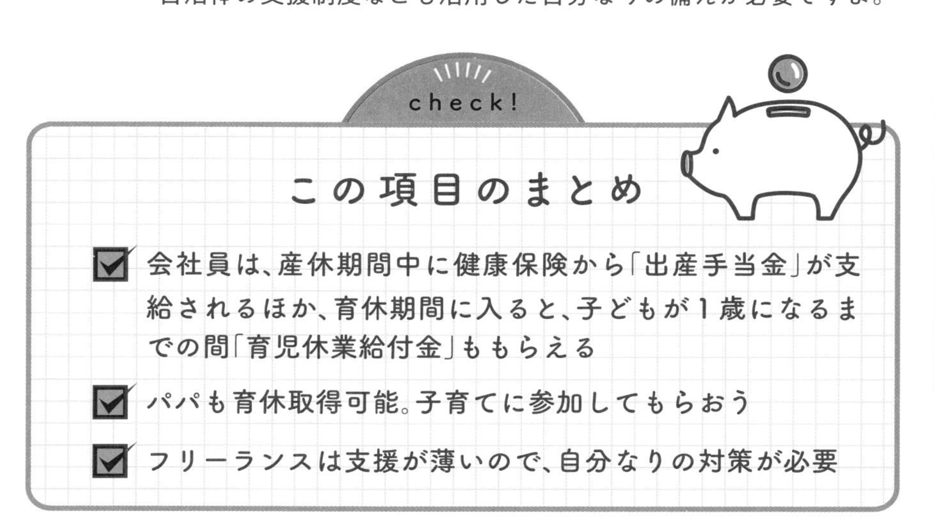

この項目のまとめ

- 会社員は、産休期間中に健康保険から「出産手当金」が支給されるほか、育休期間に入ると、子どもが1歳になるまでの間「育児休業給付金」ももらえる
- パパも育休取得可能。子育てに参加してもらおう
- フリーランスは支援が薄いので、自分なりの対策が必要

Chapter

7

投資にチャレンジ！〈知識編〉

新NISAとiDeCoを使って、時間を味方につけよう

物価上昇の時代だから投資でも手持ち資金を増やす

最近、同じように生活をしているのに、なんとなくお金が減るのが早いと感じることがありませんか。そうです。少しずつ少しずつ物価が上がっているからです。

日本は20年以上にわたって物価が上がらない「デフレ」という経済状況にありました。デフレ経済では、物価が上がらない代わりに、お給料も上がりません。経済が発展せず、閉塞感のある社会になってしまいます。今、やっとそこから脱して、物価が上がる→企業が儲かる→お給料が上がるというインフレ経済に移行しつつあります。物価高というと、少し嫌なイメージがありますが、私たちにとって、経済が発展する明るい兆しでもあるのです。

ただし、インフレ経済では、物価が上がる分、お金の価値が下がるという現象が起きます。昨日まで1000円でチョコレートが５個買えていたのに、今日は1000円で４個しか買えない。それだけお金の価値が下がったということになります。これは、自分の持っている預貯金も同じこと。つまり、金融機関に預けているだけでは、保有資産の価値は実質的には下がってしまうのです。物価が毎年３％ずつ上昇していくと、1000万円は10年後には、実質約744万円の価値になってしまうというデータもあります（右図参照）。

それを防ぐには、自分のお金も経済成長の波に乗せて、物価高以上に増やしていく必要があるのです。それが投資なのです。

お金を貯めるのは夢実現のため。まずはマネープランを

2024年から新NISA制度がスタートし、投資を始めたという話を耳に

することが増えてきました。「私も早くしなければ！」と気持ちがあせっている人もいるでしょう。

せっかく始めてみたい気持ちになったのですから、早速チャレンジしてみてはいかがでしょうか。ただし、やみくもに投資を始めても、すぐに熱が冷めてしまい、運用したお金を全部使い果たしてしまった、ということにもなりかねません。

もちろん、お金は使うためにあります。貯めたお金を使うのは構いません。ですが、P18でお話ししたように、お金を貯めるのは、自分の夢を実現するためです。夢実現のためには、いつまでにいくら貯めなければいけないのか、という夢プラン＝マネープランをまず作ることが大切なのです。投資をするときには、特に使う目的を明確にすることが大事なので、再度お金を貯める目的と運用の関係についてお話しします。

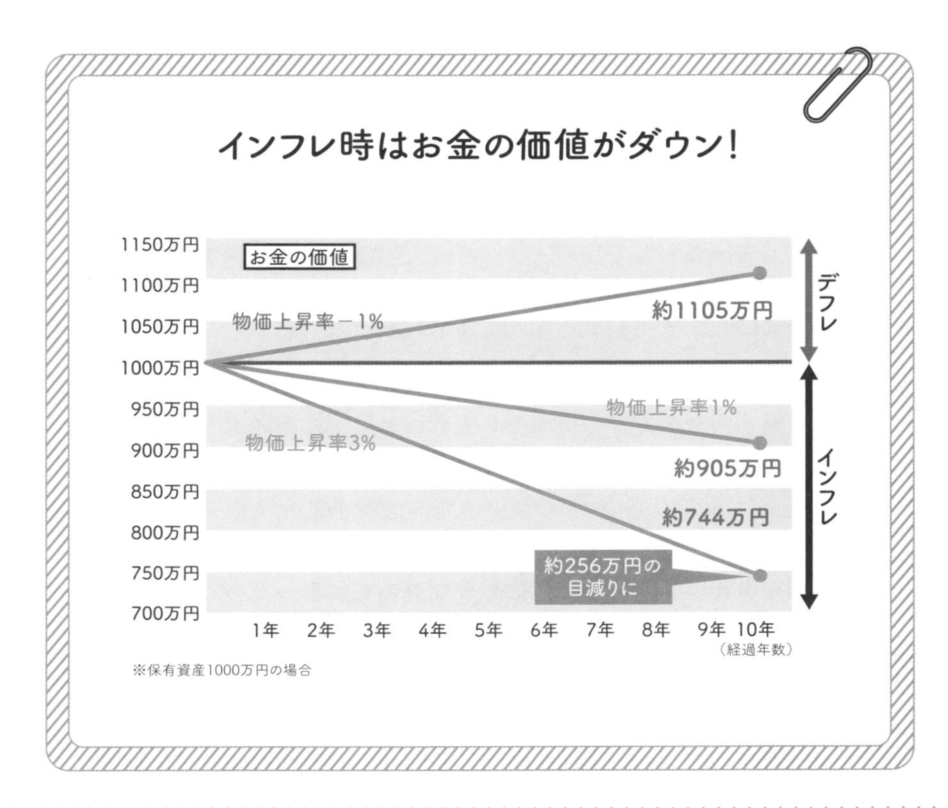

●時間を味方につけてコツコツと積み立てる

例えば、結婚するときには、結婚費用に約350万円がかかります。もちろん、そのお金すべてを自分で貯めなければいけないわけではないでしょう。しかし、たとえ自分が支払うお金が100万円であったとしても、突然、自分のお財布から出せる金額ではありません。

このように、海外旅行でも、結婚でも、マイホーム購入でも、資格取得でも、自分の夢実現のためには、ある程度まとまったお金が必要です。それには計画的な準備が大切。「時間を味方につけて、コツコツとお金を積み立てていくこと」こそが、最も有効な手段となります。20代の一番の強みはたくさんの時間を持っていることです。そこに、投資という手段も組み入れていくことが重要となります。

●使う時期によって3つに分けて運用する

今の時代はより投資をすることが重要になっていますが、手持ちのすべてのお金を投資に回してはいけないということもよく覚えておきましょう。

お金を貯めるときには、使う目的と時期に応じて、3つに分けて管理することが大切です。「今から2年以内くらいに使う短期資金」「ライフイベントで10年以内くらいに使う中期資金」「10年以上先に使う長期資金」です（右図参照）。

●短期資金と中期資金は安全商品中心で

短期資金は、日々の生活費に加えて、冠婚葬祭費、入院費などの突然の出費にも備えるものです。いつでも引き出せて、元本保証のある銀行の普通預金などを利用します。

中期資金は3年から10年くらいの間に使う予定のライフイベント費です。結婚資金、マイホーム購入の頭金、家族での海外旅行費などのさまざまな場面が考えられます。すぐに必要な資金ではないため、少しでも利回りの高い商品で運用したいところです。しかし、例えば、3年後に必ず使うお金であれば、元本割れになるような運用はできません。ちょうど相場の悪いときにあたり、必要な資金が準備できないこともあるからです。そういったケースでは、定期預金や個人向け国債を利用するといいでしょう。もう少し先に使う予定のお金なら、いつでも解約できる新NISA（少額投資非課税制度）での運用を考えてもいいかもしれません。

●長期資金は新NISAとiDeCoで

長期資金は、20代であれば、30歳以降に使う予定のお金、つまり将来独立するかもしれないときの資金、あるいは老後費用などがこれにあたります。老後費用というと、あまりにも先でイメージが湧かないかもしれませんが、購入したマイホームのリフォーム費用も必要でしょうし、リタイア後に世界を巡る旅の費用になるかもしれません。長い時間をかけて投資ができるため、多少リスクをとっても、世界経済の成長に乗っていけるような株式などに投資する運用をしていくのもいいでしょう。もちろん、投資は値動きするものですから、時間も投資対象も分散するのが基本。投資信託を利用して、長い時間をかけて積立をするのが基本です。この運用にぴったりなのが、新NISAとiDeCo（個人型確定拠出年金）です。

NISAとiDeCoの利用目的

うまく使い分けて非課税制度を有効活用しよう！

	短期	中期	長期
利用目的	冠婚葬祭 もしものときの 生活防衛資金 など	車・マイホーム購入 家のリフォーム 子どもの教育費 など	老後のための 資産形成
活用したい 金融商品	銀行預金など	新NISA、 定期預金、 個人向け国債	新NISA iDeCo

20代は新NISAから。iDeCoは40代からでも大丈夫

お金を増やすなら投資→投資をするなら投信積立から始める→投信積立を行う際に利用すべきお得な制度は新NISAとiDeCo、というのが王道投資の法則だとわかってきました。

この２つの制度の共通のメリットはどこにあるのでしょう。答えは、新NISAもiDeCoも、国が実施している制度で、利益に対して税金が一切かからずに運用できるという点です。１人でどちらの制度も利用できますので、まずは投資に挑戦するなら、新NISAとiDeCoから始めるのが正解ということになります。

しかし、どちらの制度から利用したらよいのか、どんな目的で利用すればよいのか、わかりにくいところもあります。それぞれの制度のメリット・デメリットを再度詳しくご紹介しましょう。

● 20代は新NISAからスタート

では、新NISAとiDeCoはどう違うのか、詳しく見ていきましょう。

２つの制度の最も大きな違いは、新NISAは「いつでも解約できる」こと。iDeCoは「60歳まで解約できない」ことです。この違いは運用目的が異なるからです。iDeCoは、公的年金にプラスして自分の老後資金を自分で準備するための制度。最初から老後資金づくりのための制度として設けられたものです。それに対し新NISAは、「貯蓄から投資へ」という政府の施策に沿って、誰もが使いやすい投資制度としてスタートしました。いつでも解約できるということは、結婚資金づくりでも、マイホーム購入の資金づくりでも、教育資金づくりでも、目的に合わせて利用できるということです。20代ならまずは新NISAから利用するのが使い勝手がよさそうです。

新NISAとiDeCoで利用年齢に差があるのでしょうか？　新NISAは実は18歳以上であれば、何歳でも、条件もなく利用できます。これに対し、

資産形成のためのお得な非課税制度
新NISAとiDeCoを知ろう!

<table>
<tr><th></th><th colspan="2">新NISA</th><th>iDeCo</th></tr>
<tr><td rowspan="2">こんな人に
おすすめ</td><td colspan="2">●車・マイホームの購入資金、教育資金、老後資金に備えたい
●必要なときにお金が引き出せる安心感が欲しい
●少額からじっくり投資したい</td><td rowspan="2">●老後資金に備えたい
●60歳までに使うお金は別途用意している
●少額からじっくり投資したい</td></tr>
<tr><td>つみたて
投資枠</td><td>成長
投資枠</td></tr>
<tr><td>対象に
なる人は?</td><td colspan="2">18歳以上</td><td>20歳以上65歳未満</td></tr>
<tr><td>最長いつまで
投資できる?</td><td colspan="2">無期限</td><td>65歳になるまで
(運用は75歳まで)</td></tr>
<tr><td rowspan="2">年間の投資
可能金額は?</td><td>120万円</td><td>240万円</td><td rowspan="2">条件に応じて
14万4000～
81万6000円</td></tr>
<tr><td colspan="2">生涯投資枠1800万円
(成長投資枠は1200万円まで)
※簿価残高方式で管理
(非課税枠の再利用が可能)</td></tr>
<tr><td>購入できる
主な商品は?</td><td>金融庁の定めた一定の要件を満たした投資信託・ETF</td><td>上場株式・投資信託・ETF・REIT
(整理・監理銘柄や信託期間20年未満、毎月分配型の投資信託及びデリバティブ取引を用いた投資信託などは除外)</td><td>投資信託、
定期預金、保険</td></tr>
<tr><td>お金の
引き出し</td><td colspan="2">いつでもできる</td><td>原則60歳まではできない</td></tr>
<tr><td>何に使う?</td><td colspan="2">車・住宅の購入資金、子どもの
教育資金、老後の資金づくり</td><td>老後の資金づくり</td></tr>
<tr><td>節税効果</td><td colspan="2">運用益
(売却益や配当・分配金)が
非課税になる</td><td>拠出時、運用時、受取時それぞれに税制優遇あり。積立時の掛金が全額所得控除対象となり、所得税と住民税の負担を軽減できる</td></tr>
</table>

iDeCoは、原則20歳以上が対象。国民年金に加入していれば60歳になるまでは誰もが利用できますが、60歳から65歳になるまでは、厚生年金に加入しているか、国民年金の任意加入をしている人に限られます。つまり、

iDeCoのほうは投資できるのは最長65歳になるまで、しかも解約できるのは60歳以降という制限があるのです。

●手数料は新NISAが有利、税制優遇はiDeCoが有利

２つの制度のそのほかのメリット・デメリットをまとめたのが右表です。

なかでも特筆すべきなのは、税制優遇でしょう。P154でも紹介したように、新NISAでのメリットは、運用で得た利益に、通常かかる約２割の税金がかからないという点です。

このことはiDeCoでも同じですが、これに加えて、iDeCoがすごいのは、毎年の積立がすべて、所得控除になる点です。会社員であれば、年末調整のときにiDeCoの積立額の証明書を出せば、その金額分が控除されて、税額が下がり、還付を受けられます。このメリットについては、後ほど、iDeCoの詳しい説明のところでも紹介しますが、積立額がそのまま税制優遇になる運用制度はiDeCoだけです！　また、受取時にも、一括で受け取れば退職所得控除扱いになって税制が優遇されるほか、年金方式で受け取っても、公的年金等控除の扱いとなり、同じく税制優遇を受けられます。税制面では圧倒的にiDeCoに軍配が上がります。

しかし、手数料の面では逆に新NISAが有利です。NISA制度では、口座開設をするのも、その後保有するのも無料。投資信託の積立時も、つみたて投資枠での投信購入（積立）であれば、購入手数料もすべて無料です。とにかく、原則、手数料がかかる場面はなく、すべて「無料」のお得な制度といえます。

その点、iDeCoは、手数料が徴収される場面があります。税制優遇が手厚く、私的年金制度として国が推奨している分、公的年金の上乗せとしての役割があるので、被保険者であるか否かなど管理がしっかりしています。口座管理などの業務に支えられてiDeCoの制度は運営されているため、手数料がかかるのは、当然なのです。口座開設時に2829円、運用時に毎月171円の手数料がかかります。手厚い税制優遇があり、税金が還付になればマイナスにはなりませんが、やはり、手数料がかかる点は知っておきましょう。

iDeCoスタートは40代からでも充分

こうして見ていくと、新NISAのほうが始めやすそうなことはわかりますが、税制優遇が手厚いiDeCoはどう扱えばよいのか？　という疑問が湧きます。もちろん、最初から両方の制度に積立をするのが理想ですが、投資するお金にも限りがありますから、無理は禁物です。20～30代で新NISAを利用してある程度の資産ができ、ライフプランも見えてきた40代になったら、自分の老後資金づくりについて考えてみることにしてはどうでしょう？　収入が増えていれば、両方で積立を。そこまで余裕がなければ、新NISAの積立額を減らして、一部をiDeCoに向けるといいでしょう。

そういう意味では、20代の親世代は50代の人が多いでしょうが、親世代こそ、iDeCoを頑張って利用すべき世代といえるかもしれません。

また、フリーランスの人は厚生年金に加入していない分、老後に受け取れる年金額が少なくなっています。早めにiDeCoをスタートさせて、老後資金準備を万全にしておくという考え方も1つの選択肢です。

いずれにしても、この2大税制優遇制度が心強い味方なのは間違いありません。一生涯、この制度を活用しましょう。

新NISAとiDeCoどちらが手軽？どっちがお得？

	新NISA		iDeCo	
口座開設	◎	スマホで10分 開設期間2週間程度	△	スマホと郵送の組み合わせ 開設期間は2～3カ月程度
利用商品の選択	◎	つみたて投資枠は厳選された270程度の商品から選べばよい	○	投資商品だけでなく定期預金もチョイス可能。投資信託は機関ごとに厳選
税制優遇	○	運用益が非課税	◎	・運用益が非課税 ・毎年の掛金が全額所得控除の対象 ・受取時も退職所得控除の対象 ・公的年金等控除の対象
手数料	◎	・金融機関の手数料はゼロ ・保有時の投資信託の信託報酬も低率	△	・加入時：2829円 ・運用時：収納手数料105円/月 事務委託手数料66円/月 ・受取時：1048円/回
解約	◎	いつでも可能	△	60歳まで引き出せない

お得で便利な新NISA。押さえておきたい6大特徴

2024年1月からスタートしている新NISA。従来のつみたてNISAや一般NISAのデメリットを解消し、よりお得で便利な新制度に改正されました。せっかくの機会ですので、初年度からしっかり使いこなすために、新NISAの6つの大きな特徴について把握しましょう。

●無期限になり、投資期間や投資スタイルが自由自在に

最も大きな特徴は「非課税保有期間が無期限になった」ことです。これまでは、つみたてNISAは20年間、一般NISAは5年間と非課税保有期間が限定されていました。非課税終了のタイミングが近づくと商品の売却や課税口座への移管を検討しなければならず、安心して投資を続けていける状況にありませんでした。この点、新NISAでは非課税保有期間が無期限になったので、商品の運用を非課税で一生涯続けることができるのです。30歳でNISAをスタートさせた場合、60歳になっても、70歳になっても、自分が投資をしたい期間はずっと非課税で投資を続けることができます。また、非課税期間を気にする必要がなくなったことで、家計が苦しいときは積立をストップし、余裕が出てきたら再開するといった融通も利くようになります。ライフステージに合わせて、柔軟に投資スタイルを変えられるのは大きなメリットなのです。

2つ目は「口座開設期間の恒久化」です。従来のNISAでは、つみたてNISAが2042年まで、一般NISAが2023年までと制度自体に終了時期が定められていました。つまり、なるべく早く口座を開設し、投資をスタートしないと非課税の恩恵を受けられる期間が短くなってしまうというデメリットがあったのです。新NISAでは制度が恒久化されたため、いつ口座を開設しても問題なし。思い立ったときに、いつでも投資を始めることができます。

新NISA 6つの注目ポイント

1 非課税で保有できる期間が無期限に!

非課税で保有できる期間がつみたてNISAで20年、一般NISAで5年だったが新NISAではいずれも無期限となった。非課税期間が無期限になることによって、ライフステージに合わせて柔軟に積立投資を行えるようになった

2 口座開設の恒久化で期限を気にせず開設OK!

従来のNISAは、つみたてNISAが2042年まで、一般NISAが2023年までの時限制度。新NISAでは制度が恒久化され、いつから始めてもOK。また、「〇〇年までしか非課税で運用できない」という不安なく利用できるようになったのも◎

3 つみたて投資枠と成長投資枠を併用できる

従来のNISAでは、つみたてNISAと一般NISAの併用ができなかった。新NISAでは、「つみたて投資枠」と「成長投資枠」の併用ができるようになったため、つみたて投資枠で投資信託での積立投資を行いながら、ボーナス時には成長投資枠で株式投資するなど、これまで以上に柔軟な活用方法が可能に!

4 年間で投資できる上限額が大幅に拡大!

年間の非課税投資枠が従来のNISAと比べて大幅に引き上げられた点もポイント。つみたて投資枠はつみたてNISAの3倍の年120万円、成長投資枠は一般NISAの2倍の年240万円まで非課税で投資できるようになり、年間で合計360万円の投資分まで非課税になった

5 生涯にわたる非課税保有限度額は1800万円まで

非課税保有限度額は、つみたてNISAが800万円、一般NISAが600万円だったが、新NISAでは生涯の非課税保有限度額として1800万円(うち成長投資枠は1200万円)にまで拡大された。これによって、NISAの節税メリットをこれまで以上に享受できるようになった

6 売却するとその枠は翌年再利用可能に

新NISAでは非課税枠の再利用が可能となり、商品を売却した分が非課税枠として復活する。非課税で保有できる限度額は買付額ベースで管理される(*)ため、例えば100万円で商品を購入し、その後150万円で売却した場合、翌年に「100万円」の非課税投資枠が復活する

*「簿価残高方式」という

●投信積立をしながら、株式投資も非課税でできる

3つ目は「つみたて投資枠と成長投資枠の併用」です。新NISAにおける大きな改正ポイントともいえるでしょう。これまでは、投資信託の積立をするつみたてNISAと、幅広い商品への投資を行える一般NISAの2種類があり、どちらかを選ばなければいけませんでした。しかし、新NISAではつみたて投資枠（旧つみたてNISA）と成長投資枠（旧一般NISA）を1つの口座で両方使うことができます。購入できる商品の幅が広がり、毎月投信積立をしながら、気になる企業の株式を年に数回購入するなど、幅広い投資を非課税で実現することができるのです。

●年間360万円、生涯で1800万円の投資枠がある

4つ目は「年間投資枠の拡大」です。つみたてNISAの年間投資枠は40万円、一般NISAは120万円でしたが、新NISAではつみたて投資枠が120万円、成長投資枠が240万円となり、合計の年間投資枠は360万円になります。つみたてNISAを利用していた人からすると9倍、一般NISAを利用していた人からすると3倍も年間の非課税投資枠が拡大されるのです。

ただし、投資枠が拡大したからといって、この枠を使い切らなければいけないわけではありません。無理に投資金額を増やして、生活が困窮しては元も子もありません。投資期間も無期限になったのですから、自分のできる範囲で積立額を決めて、長く積み立てていくことのほうが大事なのです。

年間360万円の投資枠とは別に今回初めて設定されたのが、5つ目の特徴「生涯非課税投資枠1800万円」です。1800万円と聞くと、とても投資枠のすべてを使いこなせないという印象を持ちますが、そんなことはありません。月5万円、年間60万円を積み立てていけば、30年後には1800万円になるのです。もちろん、月1万円しか積み立てられないときも、月10万円積み立てられるときもあるかもしれませんが、とにかく、利用限度額は1800万円あると覚えておくといいでしょう。

ここで注意が必要なのが、1800万円の枠はつみたて投資枠と成長投資枠の合計投資額ということです。しかも、つみたて投資枠を利用せず、成

長投資枠だけを利用する場合は1200万円に限定されます。この場合、つみたて投資枠も600万円分利用し、さらに成長投資枠を1200万円分利用するように、配分することもできます。もちろん、つみたて投資枠で1800万円すべての枠を利用してもＯＫです。

● 1800万円の生涯枠は売却分の枠が復活する

1800万円の投資枠には、素敵な特典がついています。６つ目の特徴である、「投資枠が再利用できる」点です。保有していた商品を売却した際、売却した分の非課税投資枠が翌年に復活し、再びその枠で商品を購入できるというものです。投資枠の復活は買付額ベースで管理されます。例えば、100万円で購入した商品が150万円に値上がった時点で売却した場合、翌年に復活する投資枠は買付額の100万円分です。同様に、商品が値下がった時点で売却した場合も、復活する投資枠は買付額分です。

従来のNISAでは投資枠の再利用ができず、商品の売却がしづらいというデメリットがありました。しかし、今回の改正で、さらにライフステージに応じて資産を引き出すことが有効になりました。例えば、マイホームの購入や子どもの大学入学など、まとまったお金が必要になるときに商品を売却することで投資枠の上限額が再び増え、「貯めては引き出す」を繰り返すことができるからです。とても使いやすくなった新NISAを利用しない手はありません。

まずは「つみたて投資枠」を利用するのが王道

新NISAでは、「つみたて投資枠」と「成長投資枠」の両方を利用できますが、実際、どのように使い分けていけばいいのでしょうか？

長期・積立・分散が実現できる「つみたて投資枠」をまず利用

「つみたて投資枠」は、投資方法が投資信託（投信）の積立に限定されています。基本的には、5万円など決まった金額を自分が決めた同じ投資信託に毎月積み立てていくことで、資産を積み上げていきます。

「成長投資枠」は、対象商品も投資方法も幅広くなっています。日本株式や米国株式などの株式投資でも投資信託でも、自由に売買できます。もちろん、積立をしても、一括投資をしてもOKです。

P54で紹介した通り、投資の王道ルールは「長期・積立・分散」です。つみたて投資枠は、さまざまな投資商品をパッケージした投資信託を、毎月コツコツ積み立てて、長期で運用する仕組みになっています。投資信託を利用することで投資対象を分散することができ、積立も、長期投資も自動的に実現します。

特につみたて投資枠がわかりやすいのは、金融庁の基準を満たした投資信託約270本から利用商品を選べばよいことです。日本では今、3000本以上の投資信託が販売されており、そのなかからどれを選べばよいのかは、なかなか投資初心者にはわかりません。その点、つみたて投資枠の対象投資信託は、金融庁が設けた要件を満たしたもので、低コストで安定的な運用が期待できます。

投資信託は、運用スタイルによって「インデックス型」と「アクティブ型」の2つのタイプに分類できます。インデックス型とは、日経平均株価のような特定の指数に連動するリターンを目指すタイプの投信です。アクティブ型は運用会社独自の銘柄選択や資産配分で、指数を上回る運用を目指します。運用コストが高くなる分、アクティブ型のほうが運用の手数料である信託報酬が高くなります。

●つみたて投資枠対象投信はインデックス型投信

そういった背景もあり、つみたて投資枠の投資信託の大半は、低コストのインデックス型投信となっています。アクティブ型も信用度が特に高いものだけが選ばれています。また、販売手数料はすべての商品が0円となっており、信託報酬も低く設定されています。課税口座なら引かれてしまいますが、売却益や配当・分配金への源泉分離課税収益も、新NISAの場合はかかりません。積立額は金融機関によって異なりますが、月100円からでも積立ができます。1000円でも1万円でも無理のない額を毎月積み立てて、ボーナス時には投資額を増やすこともできます。

P160で紹介したように、年間投資枠はつみたて投資枠の場合、120万円となっているので、月10万円ずつを積み立てると、上限に達することになります。なかなか、10万円を積み立てられるものではありませんので、自分のペースで続ければOKです。

つみたて投資枠と成長投資枠の違い

	つみたて投資枠	成長投資枠
運用益の非課税期間	無期限	無期限
投資上限額（年間）	120万円　合計360万円	240万円
投資できる商品	金融庁の要件を満たした投資信託	上場株式、投資信託など
投資方法	積立投資	一括投資、積立投資

●成長投資枠で投信積立をすることもできる

せっかく成長投資枠も利用できるのだから、何か利用してみたいと考える人もいるかもしれません。成長投資枠の非課税枠は年240万円とつみたて投資枠の２倍もありますし、生涯投資枠1800万円の３分の２の1200万円まで利用することができます。

成長投資枠の対象商品は、上場株式、投資信託、ETF（上場投資信託）、REIT（不動産投資信託）と幅広い範囲になります。なんとなく、株式投資をする枠というイメージがありますが、決してそんなことはありません。つみたて投資枠で積み立てている投信を成長投資枠で積み立てることもできますし、つみたて投資枠の対象外でも、実績の高い投資信託はたくさんありますので、そういったものを選んで積み立てることもできます。

利用法を３パターン紹介しているのが右図です。１つ目が、つみたて投資枠で積み立てている投資信託と同じものを成長投資枠でも積み立てる方法。つみたて投資枠では月10万円までしか積立ができませんが、なかには、月15万円を積み立てたい人がいるかもしれません。そういった人はつみたて投資枠で10万円、さらに成長投資枠で５万円、同じ投資信託を積み立てればいいのです。図では、今、一番人気が高い、世界中の株式に投資をする「全世界株式型投信」を例として紹介しています。

２つ目として、つみたて投資枠では選べないアクティブ型投信を購入する使い方です。ケース２のように、つみたて投資枠はインデックス型で手堅く運用し、成長投資枠ではアクティブ型で攻めの投資をするといった利用が考えられます。

３つ目が、株式に一括投資をする使い方です。日本株式の場合、単元株を購入する際、どうしても20万～100万円といったまとまった金額が必要になってしまいます。米国株式であれば、２万～３万円で購入できる銘柄も多いので、そうした選択肢もありえます。

前述したように、将来のための資金を手堅く投資するなら、長期・積立・分散の法則に沿って、つみたて投資枠を利用するのが王道です。無理に成長投資枠を利用する必要はありません。ただし、もし余裕資金が生まれたら、成長投資枠の活用を考えてみてもよいでしょう。

成長投資枠はどんな使い方がある?

CASE 1 同じ銘柄の投信積立を月15万円以上したい

同じ銘柄で
いいけど
つみたて投資枠
だけじゃ足りない

つみたて投資枠	全世界株式型 インデックス投信 月10万円
＋	
成長投資枠	全世界株式型 インデックス投信 月5万円

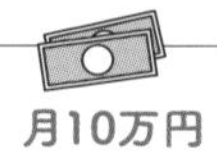

CASE 2 つみたて投資枠で購入できない投信積立をしたい

攻めの
投信積立を
したい

つみたて投資枠	全世界株式型 インデックス投信 月5万円
＋	
成長投資枠	米国株式・日本株式 アクティブ投信 月3万円

CASE 3 成長投資枠で株式投資をしたい

個別株に
挑戦
したい

つみたて投資枠	全世界株式型 インデックス投信 月5万円
＋	
成長投資枠	日本 株式 1回10万～20万円

POINT

成長投資枠は年間240万円、生涯投資枠1200万円ということを
まず押さえる。つみたて投資枠を利用して
投信積立をしなければ、1800万円の枠を埋めることはできない

自分が年金をいくら受け取れるか知っていますか？

「老後資金2000万円問題」という言葉を耳にしたことがあるでしょう。20代にとって「老後」はあまりにも遠い将来ですが、それでも、漠然と不安を抱いている人は多いようです。「私たちの世代は年金なんかもらえない」という声もよく聞きます。老後費用が不安、でも年金はもらえない…よくわからないから、このことは後回しにしようと思ってしまうのも無理はないかもしれません。

しかし、このモヤモヤした不安の正体は、自分のお金のことをきちんと把握していないからです。実は、20代であっても、この先こんな風に人生を歩んだとしたら、年金額はいくら受け取れる、といった計算はできるのです。40年先のことではあるかもしれませんが、年金と老後のお金について、少し掘り下げて考えてみましょう。

●老後資金のベースにあるのは公的年金制度

公的年金では、20歳から60歳に達するまでの40年間、国民全員が加入することになっています。公的年金は働き方によって3つの種類に分かれており、フリーランスや自営業者の場合は第1号被保険者といって国民年金のみに加入。会社員の場合は第2号被保険者といって厚生年金に加入し、同時に国民年金にも加入している仕組みになっています。そのほか、パートナーの扶養に入っている専業主婦（夫）・パートは第3号被保険者といって、第1号被保険者と同じく国民年金のみに加入する形となります。

将来、年金なんかもらえないんだから、年金保険料を払うのはバカバカしい！　という声もありますが、公的年金制度がなくなることは考えられません。また、いくら老後資金をなるべくたくさん蓄えようと思っても、自分が何歳まで生きるのか誰にもわかりません。その点、年金は受け取り始めたら、亡くなるまで終身で受け取ることができます。100歳まで生きたら、100歳まで受け取れるのです。こんな金融商品は世の中に存在しません。公的年金を老後資金のベースとして考え、会社員なら会社の年金制度や退職金制度、さらには自分で蓄えていく「私的年金」が老後を支えるお金になることを理解しましょう。

では、実際、今25歳のみさきさんともえさんは、このままの働き方をして老後を迎えたら、65歳からいくらの年金が受け取れるのか。あくまでも目安の金額ですが、計算したものが次ページの図です。

まずもえさんの場合、今後一生涯フリーランスで過ごすと、65歳から受け取れる年金額は年85万4100円になります。月々の受取額に換算すると、7万円強。この金額だけで65歳以降、一人で暮らしていくのは、難しいかもしれません。

ですが、もし会社員の夫と結婚し、夫婦2人で年金を受け取って生活する場合、夫の年金は200万円以上はもらえる計算になり（P116の図表内の夫の年金額で計算）、少し余裕が出そうです。

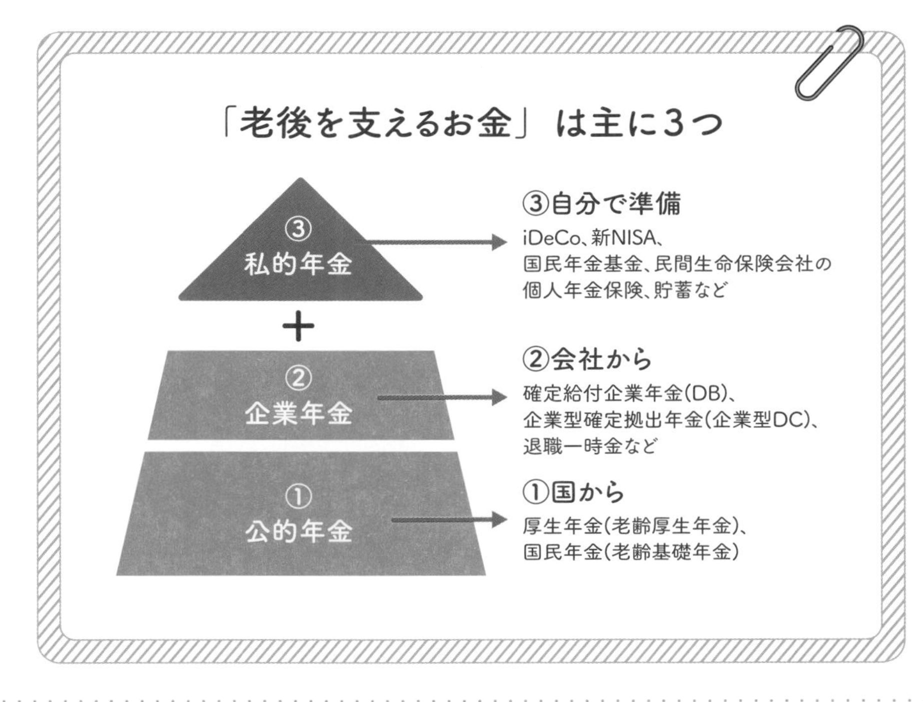

続いてみさきさんの場合、今後も会社員として今の収入を維持して働き、65歳から年金を受け取ると、年金額は年169万2700円。月額にすると14万円強です。24歳からフリーランスになり、厚生年金未加入のもえさんに比べると、金額に2倍もの差が出ています。国民年金に比べて厚生年

金のほうが手厚いことがわかります。この金額ならまとまった蓄えがあれば、１人でも夫婦でも暮らしていけそうです。

金額の差はあれど、どちらも公的年金だけではなく、私的年金として老後の蓄えを準備する必要はありそうです。

老後資金づくりの強い味方、iDeCoの仕組みも知っておく

公的年金制度について知り、自分の受け取れる年金額を具体的に考えてみると、iDeCoの大切さをあらためて理解できるはずです。

前ページでの年金額を見ると、フリーランスのほうが、より私的年金をしっかり準備する必要のあることがわかります。それを受けて、iDeCoの利用限度額は会社員が月２万3000円なのに対し、フリーランスは月６万8000円となっています。よりフリーランスに手厚くなっているのも、もっともですね。

iDeCoは老後資金づくりのために、長く積み立てる制度です。ですから、新NISA以上に高い税制優遇を受けられます。ここでも、実際の数字を見ながら、具体的にメリットを確かめてみましょう。

前述しているように、iDeCoは積立金額が所得控除となり、毎年、所得税と住民税が軽減されるのが最大の魅力です。例えば、年収300万円の会社員が毎月１万円の積立をすると、年間約１万8000円の税金が戻ってくるというメリットがあります。これを30年続ければ、還付額だけで54万円になるのです。戻ってきた分をおこづかいとして使ってしまいそうですが、そこをぐっと我慢して、その分も積立に回せれば、さらに老後資金が充実します。

運用中、利益が出ても税金がかからないという点は、新NISAと同様です。税金がかからない分も含めて、積立元金に利益分のお金を組み入れることで複利効果が生まれて、雪だるま式にお金が増えていきます。右図を見ても、月１万円を30年積み立てて、利回り５%だった場合、税金がかかると運用益は377万8000円になるところ、税金がかからないため、472万3000円と約100万円も受取額が多くなります。受取時にも、一括で受け取れば退職金扱い、年金として受け取れば、公的年金扱いのため、税制優遇を受けられ、老後資金づくりの強い味方となること間違いなしです。

積み立てるだけで税額が下がる

iDeCoの最大のメリットは積み立てた掛金が全額、所得控除の対象となること。つまり老後のお金を積み立てながら、本来所得に応じて払うべき所得税や住民税の額が減る

注：iDeCo公式サイトの「かんたん税制優遇シミュレーション」で試算。基礎控除48万円、会社員のケース。社会保険料は年収の14.39%として計算

月1万円を積み立てた場合、年間で“戻ってくる”額

年収	年間で“戻ってくる”額
300万円	約1万8000円
400万円	約1万8000円
500万円	約2万4000円
600万円	約2万4000円
700万円	約3万6000円
800万円	約3万6000円

利益が出ても税金ゼロ

通常、預貯金の利息や投資信託の運用益には一律20.315%の税金がかかる。一方、iDeCoで積み立てた定期預金の利息や投資信託の運用益はすべて非課税になる

注：復興特別所得税を加味していない

運用して利益が出ても税金0円
（月1万円で30年間積み立て、元金360万円の場合）

運用利回り	運用総額	運用益（課税前）	運用益（課税後）
1%	419.6万円	59.6万円	47.6万円
3%	582.7万円	222.7万円	178.1万円
5%	832.3万円	472.3万円	377.8万円
8%	1490.4万円	1130.4万円	904.3万円

iDeCoならこの金額を受け取れる

60歳まで引き出せない

老後に備える私的年金制度なので、積み立てた資金は60歳まで引き出せない仕組み。60歳までの加入期間が10年未満の場合はさらに引き出せる年齢が上がる点は注意

注：受給開始年齢は加入可能年齢の延長に伴って変更される見込み

60歳までの加入期間が10年未満の場合の受給開始年齢

加入期間	受給開始年齢
1カ月以上	65歳から
2年以上	64歳から
4年以上	63歳から
6年以上	62歳から
8年以上	61歳から

キーワードINDEX

あ

か

さ

た

【著者紹介】
井戸 美枝（いど・みえ）
ファイナンシャル・プランナー（CFP®認定者）、社会保険労務士、経済エッセイスト。

前社会保障審議会企業年金・個人年金部会委員。国民年金基金連合会理事。講演や執筆、テレビ・ラジオ出演などを通じ、生活に身近な経済問題、年金・社会保障問題について解説している。また、ボランティアで「熱中小学校」の講師を務めている。最近の楽しみは、講師として、子どもからお年寄りまで幅広い層の声を聞くこと。『フリーランス大全』（エクスナレッジ）、『今すぐできる！iDeCoとつみたてNISA超入門』（共著、扶桑社）、『一般論はもういいので、私の老後のお金「答え」をください！ 増補改訂版』（日経BP）、『お金がなくてもFIREできる』（日経プレミアシリーズ）、『最新データと図解でみる 定年後のお金と暮らし』（共著、宝島社）など著書多数。

好きなことを我慢しないで100万円貯める方法
20代女子のためのお金の基本

2024年 3 月15日　　第 1 刷発行

著　者――井戸美枝
発行人――見城 徹
編集人――菊地朱雅子
編集者――茂木 梓　小木田順子
発行所――株式会社 幻冬舎
〒151-0051 東京都渋谷区千駄ヶ谷4-9-7
電話：03（5411）6211（編集）　03（5411）6222（営業）
公式HP：https://www.gentosha.co.jp/
印刷・製本所――近代美術株式会社
検印廃止

万一、落丁乱丁のある場合は送料小社負担でお取替致します。小社宛にお送り下さい。
本書の一部あるいは全部を無断で複写複製することは、法律で認められた場合を除き、著作権の侵害となります。定価はカバーに表示してあります。

©MIE IDO, GENTOSHA 2024
Printed in Japan
ISBN978-4-344-04241-4 C0095

この本に関するご意見・ご感想は、
下記アンケートフォームからお寄せください。
https://www.gentosha.co.jp/e/